리더 포비아

리더 포비아

초판 1쇄 인쇄 _ 2025년 11월 15일
초판 1쇄 발행 _ 2025년 11월 30일

지은이 _ 정인호

펴낸곳 _ 바이북스
펴낸이 _ 윤옥초
책임 편집 _ 김태윤
책임 디자인 _ 이민영

ISBN _ 979-11-5877-400-4 03320

등록 _ 2005. 7. 12 | 제 313-2005-000148호

서울시 영등포구 선유로49길 23 아이에스비즈타워2차 1005호
편집 02)333-0812 | 마케팅 02)333-9918 | 팩스 02)333-9960
이메일 bybooks85@gmail.com
블로그 https://blog.naver.com/bybooks85

미래를 함께 꿈꿀 작가님의 참신한 아이디어나 원고를 기다립니다.
이메일로 접수한 원고는 검토 후 연락드리겠습니다.

"요즘 세대는 왜 리더를 두려워하는 걸까?"

리더 포비아
LEADER PHOBIA

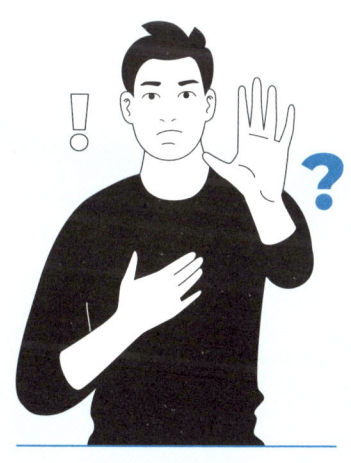

정인호 지음

"절대적으로 공공연하고 보편적 관점은 존재하지 않는다"

"There is no point of view absolutely public and universal"

윌리엄 제임스

우리는 어째서 리더라는
자리를 두려워하게 되었을까?

이제는 리더 포비아의 시대

"팀장이 되면 뭐하나요? 임원과 팀원 사이에 끼어서 힘들기만 하고 권한은 예전만 못한데요. 요즘 제 주변에는 나중에 팀장 되겠다는 사람이 없어요." 이 말은 단순한 개인의 넋두리가 아니다. 리더의 자리를 기피하고 심지어 두려워하는 현상이 오늘날 다양한 조직에서 광범위하게 나타나고 있다. 우리는 이러한 현상을 '리더 포비아 Leader Phobia'라고 한다. '리더Leader'와 '공포증Phobia'의 합성어로, 포비아란 특정한 상황이나 역할에 대해 과도한 공포심을 느껴 그 상황 자체를 회피하려는 심리적 반응을 뜻한다. **리더 포비아는 리더가 되어 책임과 희생을 떠안는 것 자체에 깊은 불쾌감과 두려움을 느끼며, 그 자리를 본능적으로 피하려는 사회문화적 증후군이라 할 수 있다.**

과거에는 리더의 자리가 곧 사회적 신뢰와 개인의 성취를 상징했다. 승진은 경력의 정점이었고 관리자 역할은 능력과 리더십을 인정받은 결과였다. 그러나 지금은 상황이 완전히 달라졌다. 취업포털 사람인이 20~30대 직장인 724명을 대상으로 실시한 설문조사에 따르면, 응답자의 41.7퍼센트는 "직급 승진에 관심 없다"고 응답했다. 일본에서는 그 현상이 더욱 뚜렷하다. 일본 후생노동성의 조사에 따르면, 직장인의 약 80퍼센트는 팀장 승진을 거부하거나 피하려는 경향을 보인다. 중간관리자의 자리는 더 이상 '보상의 자리'가 아니라 정서적 소진과 책임 과잉이 동반되는 '징벌적 보직'으로 인식되기 시작한 것이다.

리더 포비아는 더 이상 직장 내에서만 발견되는 현상이 아니다. 대학은 물론 최근 K-POP 아이돌 그룹의 구성 변화에서도 이러한 경향이 두드러지게 나타나고 있다. 과거의 아이돌 그룹에서는 리더가 중심을 잡고 팀의 정체성과 분위기를 조율하며 팬들과의 대외적 소통을 책임지는 중요한 역할을 맡는 경우가 많았다. 그러나 최근에는 베이비몬스터, 엔하이픈, 투모로우바이투게더, 블랙핑크 등 다양한 그룹에서 리더 포지션 자체를 없애는 방식이 주류로 자리잡고 있다.

여전히 리더는 필요하다

그렇다면 정말 리더는 불필요한 존재일까? 관리자는 단지 일의 효율을 떨어뜨리는 '필요악'일 뿐일까? 이 질문에 정면으로 도전한 기업이 있다. 바로 구글이다. 2002년, 구글은 계층 없는 조직flat organization 실험을 단행하며 관리자 직책을 아예 없앴다. 개발자 중심 조직이었던 구글 내부에는 관리자야말로 진짜 일을 하지 않으면서 승인과 절차만 늘리는 존재라는 비판이 존재했다. 일부는 관리자를 기생자로 인식하기도 했다. 구글은 이 편견을 검증해보고자 관리자 없는 조직 실험을 한 것이다.

결과는 참담했다. 몇 달 만에 조직은 혼란에 빠졌다. 우선순위 설정이 어려워졌고 기본적인 승인 요청조차 처리가 지연되었다. 동료 간 갈등은 누군가 조정해주지 않자 점점 커졌고 실질적인 의사결정은 정체되었다. 자율은 곧 무기력으로 바뀌었고, 팀워크는 느슨한 방치로 변질되었다. 결국 구글은 관리자 체계를 다시 복원할 수밖에 없었다. 이 실험은 오히려 관리자 존재의 필요성을 극명하게 부각시켰다.

하지만 구글은 여기서 멈추지 않았다. 2008년, 다시 한번 관리자의 역할을 객관적으로 규명하고자 대규모 데이터 기반의 분석 프로젝트를 시작했다. 일부는 여전히 관리자가 없어도 조직이 돌아갈 수 있다는 가설을 검증하고 싶어 했다. 그러나 수천 건의 데이터를 분석한 결과, '좋은 관리자가 있는 팀이 그렇지 않은 팀보다 더 행복하고, 생산성과 창의성 면에서도 훨씬 뛰어나다'는 사실이 밝혀졌다.

이후 구글은 '프로젝트 옥시젠Project Oxygen'이라는 이름으로 "훌륭한 리더는 무엇을 잘하는가?"라는 새로운 질문을 중심으로 리더십 역량의 정량적 기준을 정리했다. 그 결과, 탁월한 리더는 단지 업무 지시를 잘 내리는 사람이 아니라 명확한 기대치를 제시하고 팀원을 코칭하며, 심리적 안정감을 조성하는 조력자라는 공통된 특성을 가진다는 사실이 드러났다. 리더의 본질은 지시와 통제가 아니라 신뢰와 조율, 성장과 공감이라는 사실이 확인된 것이다.

이처럼 리더라는 자리는 결코 불필요하거나 사라져야 할 역할이 아니다. 오히려 오늘날과 같은 변화의 시기에는 리더십의 구조와 본질을 새롭게 정의해야 할 필요가 더욱 커지고 있다. 특히 조직 내에서 허리 역할을 맡는 중간관리자, 즉 팀장이나 부서장은 단순한 중계자 이상의 존재다. 이들은 경영진의 전략을 실행 가능한 과업으로 전환하고 실무진의 경험을 위로 끌어올리는 양방향 연결자이자 조율자 역할을 수행한다.

실제로 갤럽Gallup의 연구에 따르면, 직원들의 업무 몰입도의 약 70퍼센트가 직속 관리자에게 영향을 받는다고 한다. 이는 중간관리자가 조직 구성원의 심리 상태와 성과 수준에 결정적 영향을 끼친다는 뜻이다. 그들의 역량과 태도에 따라 팀은 몰입과 성장을 경험할 수도 있고 무기력과 이탈을 겪을 수도 있다. **다시 말해, 중간관리자는 조직문화의 형성과 개인의 성장, 그리고 전략 실행의 성공 여부를 가르는 핵심 인물이다.**

과거와 다른 리더십이 요구되는 중간관리자

그러나 오늘날의 중간관리자들은 과거보다 훨씬 더 많은 역할을 요구받고 있다. 빠르게 변화하는 시장 환경, 디지털 기술의 도입, 그리고 다양한 세대의 등장 등으로 인해 조직의 복잡성이 급증하면서 이들은 단순한 업무 관리자에서 심리적 리더, 갈등 조정자, 성장 코치로까지 그 역할이 확장되었다. 조직행동학에서 말하는 '역할 갈등 Role Conflict'과 '역할 과부하Role Overload'가 동시에 일어나고 있는 상황이다.

문제는 이러한 변화에 상응하는 권한, 시간, 자원이 충분히 제공되지 않는다는 데 있다. 전통적으로 리더는 결정권자로 인식되었지만 오늘날 중간관리자는 책임만 떠안고 실질적인 의사결정 권한은 줄어든 상황에 놓여 있다. 일은 늘어나고 통제력은 약화된 채 책임과 스트레스만 남는 구조가 된 것이다. 실제로 미국인사관리협회 SHRM는 중간관리자를 "조직에서 가장 불행한 직군"이라고 표현한 바 있으며, 국내외 다양한 조사에서도 이들 중 절반 이상이 심각한 번아웃을 호소하고 있다.

더 심각한 문제는 이것이 단지 관리자 개인의 어려움에 그치지 않는다는 점이다. 리더가 되기를 꺼리는 분위기가 확산되면 조직은 리더십 공백이라는 구조적 위기를 맞닥뜨리게 된다. 공식적인 리더십 체계가 무너진 조직에서는 협력과 의사결정이 더디고 비효율적으로 흐르며 심리학에서 말하는 '책임 분산diffusion of responsibility' 현상이 나타난다. 누구도 주도적으로 나서지 않는 조직은 결국 방향을 잃고 표류하게 된다.

특히 지금은 이러한 리더십 공백이 더욱 심각하게 작동할 수밖에 없는 조건 속에 있다. 인공지능 기술의 급격한 발전, 자동화의 확산, 디지털 전환의 가속화는 조직 구조와 업무방식 자체를 근본적으로 바꾸고 있다. 생성형 AI의 등장은 단순히 생산성을 높이는 도구의 수준을 넘어 의사결정의 방식, 책임의 범위, 인간 리더의 권위 자체를 흔들고 있다.

이제 리더는 과거처럼 자신의 경험과 전문성을 통해 방향을 제시하기보다는 기술과 인간, 예측 불가능성과 창의성 사이를 조율해야 하는 존재가 되었다. 즉, **리더 역시 이전에 경험해보지 못한 환경 속에서 새로운 불확실성을 감당하고 심리적 안정감을 제공하며, 함께 해답을 찾아야 하는 역할을 요구받고 있다.** 이는 단순한 리더십 스타일의 변화가 아니라 리더라는 존재의 역할과 본질이 근본적으로 재정의되고 있음을 보여준다.

리더를 재정의하다

이제 우리는 질문을 바꿔야 한다. 과거처럼 "어떻게 하면 더 좋은 리더가 될 수 있을까?"를 묻는 것만으로는 부족하다. 지금 필요한 질문은 훨씬 더 근본적이고 본질적이어야 한다. "왜 사람들은 리더가 되기를 두려워하게 되었을까?", "무엇이 리더를 기피의 대상으로 만들었을까?", "그리고 우리는 리더 포비아의 현상을 어떻게 극복할 수 있을까?"

이 책은 바로 이러한 질문에서 출발한다. **리더 포비아는 단순한 개인의 기질이나 책임 회피로 설명할 수 있는 문제가 아니다.** 그것은 조직 구조의 불균형, 리더에게 집중된 과도한 역할과 기대, 사회 전반의 감정 문화 변화, 그리고 경쟁을 회피하는 세대적 정서 등 다층적인 요소들이 얽혀 만들어 낸 시대적 현상이다. **다시 말해, 이것은 리더 한 사람의 의지 문제가 아니라 조직과 사회 전체가 함께 만들어 낸 구조적 결과인 것이다.**

따라서 이 책은 심리학, 사회학, 조직이론의 관점을 바탕으로 리더십 기피 현상의 기저에 있는 요인들을 다각도로 분석했다. 그리고 우리가 맞닥뜨린 이 위기가 단지 한 조직의 위기가 아니라 현대 조직 전체가 직면한 리더십 패러다임의 전환기임을 드러내고자 한다. 아울러 리더 포비아의 현상을 재조명하고 이를 실현할 수 있는 새로운 조직적 접근 방식을 제시하는 것이 이 책의 핵심이다.

이 책을 통해 우리가 리더십을 회피하는 이유를 이해하고 그 해법을 조직적, 사회적 맥락에서 모색하는 과정을 통해 더 이상 리더가 두려운 존재가 아닌 협력과 성장을 이끄는 중요한 역할로서 자리 잡을 수 있는 기회가 되길 바란다.

정인호

차 례

Prologue · 4

요즘 세대는
왜 리더가 두려운가?

"감정이 인간을 지배할 때에는
이성은 손발을 쓸 수 없다."

– 대니얼 골먼 –

'리더는 희생양'이라는 공식

리더라는 책임감의 무게

조직에서 추진하던 일이 잘못되면 누구에게 책임을 물을까? 돌고 돌아 결국, 리더가 그 책임을 떠안게 된다. 사람들은 본능적으로 실패의 원인을 찾으려 한다. 그리고 그 원인은 대개 위쪽에 있다. **팀이 어려움을 겪을 때, 그리고 성과가 저조할 때, 사람들은 그 불만을 직접적으로 해소할 수 있는 대상을 찾는다. 그 대상이 바로 리더다.**

2008년, 미국의 커피 프랜차이즈 기업 스타벅스는 도시락 사업을 시작했다. 당시 스타벅스는 커피 카페 기업이라는 프레임에서 벗어나 새로운 시장을 창출하려는 목표로 도입한 사업이었지만 예상보다 큰 실패를 겪어야 했다. 문제의 원인은 제품이 고객의 입맛에 맞지 않거나, 브랜드 이미지와 맞지 않는 것이었다. 이런 문제들은 상품 기획 및 개발팀이 큰 역할을 했을 것이다. 또한 시장 조사 부족이나 소비자의 니즈를 반영하지 못한 마케팅팀과 전략팀도 책임이 있을 것이다. 하지만 결국 이 실패의 모든 책임은 CEO인 하워드 슐츠에게 돌아갔다. 이 사례에서 흥미로운 점은 하워드 슐츠가 사업 실패에 대해 책임을 지고 사과를 하며 직접적인 해명을 했다는 점이다. 그 당시 팀원들이나 다른 직원들이 내부적으로 문제를 지적하기보다는 CEO에게 불만이 집중되었고, 리더가 사업 실패에 대한 최종 책임을 지게 된 구조였다.

하워드 슐츠는 자신이 CEO이니 당연히 책임을 져야 하지만 그 순간, 그는 리더로서 두 가지를 느꼈다고 한다. 첫 번째는 책임의 무게였다. 내가 회사를 또는 팀을 이끄는 한, 결과에 대한 모든 책임은 내 몫이었다. 두 번째는 고립감이었다. 나는 '결정을 내리는 사람'으로서 항상 외로운 자리에 있었다. 내 옆에서 나를 이해해주는 사람은 없었고 잘못된 결과만이 나를 지목했다. 이때부터 하워드 슐츠는 리더라는 자리가 고통을 감당하는 자리라는 생각이 들기 시작했다. 하워드 슐츠의 사례를 보듯 '리더=희생양'이라는 공식은 조직 내에서 흔히 발생하는 구조적 문제라는 사실이다. CEO인 하워드 슐츠조차도 책임의 무게와 고립감에 고통을 느끼는데 우리 주변의 평범한 관리자나 리더들은 어떨까?

리더 포비아의 태동

프랑스의 인류학자이자 철학자인 르네 지라르Rene Girard는 그의 책

《희생양》에서 공동체는 갈등과 혼란을 해결하기 위해 희생양을 선택하는 메커니즘에 대해 설명한다. 이 희생양은 고대 사회에서 동물일 수도, 심지어 사람일 수도 있고, 그 희생양이 죽음으로써 사회의 폭력과 불안을 잠재운다. 리더는 바로 이런 역할을 맡게 되는 경우가 많다.

조직 내에서 위기 상황이 발생하거나 갈등이 심화되면 리더는 때로 그 해결책으로서의 '희생양'이 되어야 한다. 리더가 무엇을 하든, 어떤 결정을 내리든 결국 리더가 모든 비난을 떠안게 되는 구조가 형성되는 것이다. 리더는 집단 내 갈등을 해결하기 위한 폭력적 해결책이 되어 조직 내에서 생긴 모든 문제를 스스로 해결해야 하는 상황에 몰리게 된다.

지라르의 표현에 따르면, 희생양은 단순한 '대체물'이 아니라, 조직 내 폭력의 출구로 기능한다. 리더는 자신의 권위와 책임을 바탕으로 조직 내 불안을 해소하려 하지만, 그 과정에서 리더는 종종 불만과 갈등의 표적이 된다. 이는 리더가 마치 조직 내 폭력을 대신받는 존재처럼 작용하게 만든다. 리더는 그가 해결해야 할 문제들을 자기 자신을 희생하는 방식으로 풀어야 하는 상황에 놓인다. 예를 들어, 위기가 발생했을 때 리더가 결정적인 순간에 '이 문제는 내가 해결해야 한다'고 생각하며, 모든 비난을 떠맡는 방식이다.

리더는 조직 내에서 갈등과 불안을 해소해야 하는 위치에 놓이지만 그 해결 과정에서 리더 자신이 심리적 고립을 겪고 희생양처럼 느껴질 수 있다. 이는 리더 포비아의 뿌리이기도 하다. 리더는 끊임 없이 외부의 압력과 내부의 기대 사이에서 폭력적인 압박을 받는다. 이러한 과정에서 리더는 자신의 직책을 두려워하게 되고, 그 직책을 회피하려는 심리적 경향을 갖게 된다.

리더는 리더십의 압박과 두려움을 동시에 느끼며 점차 자신이 희생양이 될까 두려워진다. 그는 항상 "이 문제의 해결책은 나에게 달려 있다"는 압박을 느끼고, 그로 인해 리더로서의 역할을 피하려 하거나 심리적 방어 기제를 발동하게 된다. 이는 리더 포비아의 한 형태다. 리더는 희생양의 역할을 피할 수 없다는 무의식적인 믿음을 가지며, 자신이 그 역할을 맡게 되기를 두려워한다. **리더 포비아는 결국 자신이 조직 내에서 희생양이 될 수 있다는 두려움에서 비롯된 다.** 리더는 자신이 실패하고, 비난을 받을 것이라는 공포 속에서 계속해서 리더십을 회피하려는 심리를 강화시킨다. 따라서 리더 포비아는 단순히 리더가 조직 내에서 겪는 불안이나 두려움만을 의미하는 것이 아니라 조직 내에서 리더가 처한 폭력적 구조 속에서 겪는 심리적 고통과 희생양이 되어야 한다는 무의식적인 믿음이 결합된 결과라고 할 수 있다.

착한 리더는 더 위험하다!

우리는 착한 리더가 되면 사람들에게 더 많은 신뢰를 줄 수 있다고 생각한다. 그러나 내가 경험한 바로는 좋은 사람이 되려는 리더 일수록 더 큰 위험에 빠진다. 너무 착한 리더는 가끔 팀의 문제를 해결하기보다는 타인의 감정을 지나치게 고려하게 된다. 결국, 자신의 신념이나 결정을 계속해서 미루게 되며, 책임을 대신 떠맡게 된다.

어느 모 교장 출신의 교육센터 김 원장이 그러하다. 김 원장은 강사의 수업 질이 꾸준히 떨어지고 있었지만, "그 사람 사정이 있으니 조금만 더 보자"고 넘겼다. 김 원장의 선한 의도와는 달리 몇 달 뒤 학부모들의 불만이 폭증했고 결국 김 원장은 전체 수강생의 이탈을 감당해야 했다. 그리고 그는 이렇게 말했다. "사람을 믿고 기다리려 한 건데, 결국 조직도 망치고 그 사람한테도 기회를 망친 셈이었어요." 이런 현상을 심리학에서 '조력자 증후군Helper Syndrome'이라고 한다. 조력자 증후군은 독일의 심리학자 볼프강 슈미트Wolfgang Schmidbauer가 제시한 개념으로 남다른 직업 정신과 사명감 때문에 다른 사람들을 돕지 않으면 안 된다는 강박감이 생겨 남의 일에는 온갖 정성을 기울이며 많은 신경을 쓰면서도 정작 자신의 어려움이나 괴로운 문제는 남에게 털어놓거나 도움받을 생각을 하지 못하는 현상을 말한다.

요즘 조직에서 Z세대 리더나 실무자들 사이에서 이러한 증상이 자주 발견된다. 오늘날의 Z세대는 태어날 때부터 SNS와 함께 자라 왔으며 사회적 연결을 중시한다. 온라인에서는 누군가에게 '불편한 사람'으로 낙인찍히는 것이 치명적인 리스크가 된다. 그래서 이들은 일상에서 갈등을 피하고 늘 누군가의 기분을 살피며 살아간다. **"착한 사람으로 보이고 싶다"는 욕망은 리더가 된 이후에도 계속된다.** 그래서 부하 직원이 실수를 해도 강하게 말하지 못하고 팀의 불협화음 속에서도 중재자 역할을 자처하며 스스로 감정을 삼킨다.

아울러 Z세대는 '스스로 해결해야 한다'는 메시지를 강하게 받은 세대다. 학창 시절부터 친구와 비교당하고 취업 시장에서 끝없는 경쟁을 경험하며 자랐다. 그래서 도움받는 것은 무능함의 표시라는 인식이 내면화돼 있다. 타인의 문제에는 깊이 개입하지만 정작 자신의 어려움은 드러내지 못한다. 이런 심리는 리더나 관리자가 된 이후에 도움을 요청하지 못하고 혼자 감당하다가 무너지는 경향으로 이어진다.

'리더=희생양'에서 '리더=기피대상'으로

앞서 살펴본 것처럼 리더는 조직의 갈등과 위기의 해결자이자 동시에 희생양이 되기 쉽다. 그런데 최근에는 이 구조를 미리 인식하고 리더 자체가 되는 것을 거부하거나 회피하는 현상이 점점 뚜렷해지고 있다. 이른바 '리더 포비아'는 단지 리더가 된 이후의 고통만을 말하지 않는다. 이제는 리더가 되기 전부터 이를 회피하는 태도까지 포함하는 개념이 된 것이다.

이러한 흐름은 한국과 영국뿐만 아니라 일본에서도 두드러지게 나타나고 있다. 최근 일본의 주요 경제지 보도에 따르면, 전국 직장인을 대상으로 한 설문조사에서 관리직이 되고 싶지 않다고 응답한 비율이 무려 77.3퍼센트에 달했다. 직장인 10명 중 8명 가까이가 승진보다는 '평사원' 상태를 선호한다는 의미다. 특히 일본 내 기존 관리직 종사자들 중에서도 과반(52.5%)이 업무 부담 증가를 호소하고 있어, 리더십 포지션에 대한 기피 현상은 세대를 초월한 문제로도 볼 수 있다. 이는 리더나 관리자 기피현상이 단순히 한 세대의 트렌드가 아니라 리더라는 구조 자체에 대한 근본적인 불신과 피로를 보여주는 결과다. 이처럼 리더를 '희생양'으로 삼는 조직문화가 지속되고, 그 구조에 대한 인식이 높아질수록 사람들은 점점 더 리더가 되는 것을 리스크로 받아들이게 된다. 리더 포비아는 이제 단순한 심리 상태를 넘어 조직 전체의 구조적 위기로 확산되고 있다.

요즘 세대를 중심으로 한 최근 조직 내 분위기가 이를 잘 보여준다. **'워라밸**Work-Life Balance**'을 중시하는 세대에게 있어 리더가 된다는 것은 곧 삶의 균형이 깨지는 신호로 읽힌다.** 요즘 세대에게 리더가 되는 순간 업무 과중, 과도한 책임감, 낮은 보상, 조직 정치와 감정노동 등으로 인해 삶의 균형이 깨질 수 있다고 느낀다. 실제로 일부 직장인 사이에서는 "관리자는 승진이 아니라 고생의 시작"이라는 자조적인 말도 회자된다.

과거에는 승진이 곧 성공의 상징이었지만 이제는 '관리자가 되지 않는 삶'도 성공적인 커리어로 인정받고 있다. 때문에 요즘 세대는 관리자보다는 전문가로서의 성장, 혹은 자기계발에 집중할 수 있는 유연한 업무 환경을 더 가치 있게 여긴다.

기업의 인사관리 전략도 변화가 필요하다는 지적이 나온다. 서울 소재 대기업의 인사 담당자는 "관리자를 양성하는 것이 점점 어려워지고 있다. 팀장 승진을 고사하는 직원들도 늘어나고 있어, 리더십 교육뿐 아니라 비관리자 트랙도 강화해야 한다는 목소리가 높아지고 있다."고 전했다. 요즘 세대의 이러한 변화는 최근 기업들이 직면하고 있는 리더 포비아 현상을 단적으로 보여준다. 리더가 되는 것 자체를 부담스러워하고 기피하는 이들은 늘어나지만 조직은 여전히 관리자의 부재로 혼란을 겪는 아이러니한 상황이 이어지고 있다.

조직은 리더를 만들기도 하지만, 때로는 잡아먹는다!

조직은 분명 리더를 필요로 한다. 명확한 비전과 방향을 제시하고 위기를 돌파하며, 구성원들을 하나로 묶고 결단력을 추구하는 사람을 요구한다. 이런 리더는 조직을 성장시키고 복잡한 문제를 해결하며, 변화의 물결 속에서 팀을 안전하게 이끄는 중심축이 된다. 그래서 조직은 끊임없이 리더를 발굴하고 육성하며 그들에게 책임과 권한을 위임한다. 하지만 실상은 그 반대다. 조직은 리더를 만들지만 동시에 리더를 '잡아먹는 구조'를 갖고 있다.

리더가 되는 순간, 그 사람은 더 이상 동료가 아니다. 더 이상 '우리'가 아닌 '그 사람'이 되는 것이다. 구성원은 리더에게 책임을 요구하고 결과를 기대하며, 위기가 닥치면 가장 먼저 비판의 방향을 그에게 향하게 한다. "왜 그렇게 결정했냐?", "왜 그때 아무런 행동도 하지 않았냐?", "이 사태를 어떻게 책임질 거냐?"는 질문들이 쏟아진다. 조직은 리더에게 권한을 준다고 말하지만 실제로는 권한보다 책임과 고립감을 먼저 부여한다.

문제는 리더가 잘못해서가 아니라 리더이기 때문에 생기는 문제가 많다는 점이다. 조직 내에서 갈등이 생기거나 성과가 낮으면 구성원들은 원인을 위쪽에서 찾는다. 리더는 무언가 잘못하지 않아도, "뭔가 더 잘했어야 하지 않았나?"라는 분위기 속에서 자동으로 책임의 자리에 놓인다. 심지어 리더의 인간적인 면마저도 조직에 의해 소비된다. 감정노동은 당연시되고 구성원의 불만을 받아주는 역할도 리더의 몫이 된다. 위로받기보다는 위로를 건네야 하고 도움을 요청하기보다는 도움을 주는 쪽에 서야 한다. 이렇게 리더는 점점 자신의 감정과 피로를 억누르며 조직이 기대하는 이미지에 스스로를 맞춰가게 된다. 그리고 어느 순간, 리더는 조직에 의해 '소진된 존재'가 되어버린다.

조직은 리더를 '키웠다'고 생각하지만, 실제로는 리더를 '버텨내게' 했을 뿐이다. 살아남은 자만이 리더가 된다. 하지만 그 생존의 과정은 종종 리더 개인의 심리적 소모와 관계 단절, 고립과 책임 전가를 전제로 한다. **조직은 리더를 키우지만, 동시에 리더를 고립시키고, 때로는 실패의 희생양으로 삼는다.** 리더 포비아는 리더 개인의 문제도, 단지 요즘 세대만의 변덕스런 특성도 아니다. 그것은 조직이 리더를 어떻게 대하는지에 대한 냉정한 반응이자 방어기제다.

불안한 시대, 리더는 리스크다

Z세대는 '불안세대'로 불린다. 밀레니얼 세대가 불안을 일시적 감정으로 생각한다면 Z세대는 불안을 단순한 감정이 아닌 일상적으로 감시하고 조율해야 할 대상으로 인식한다. 세대별 불안 비율을 조사한 결과, 2012년 이후 세대별 불안 비율은 대체로 안정적인 흐름을 보였지만, 2014년부터 Z세대의 불안 비율은 급격히 상승했다. 구체적으로 X세대의 불안 비율은 2010년 이후 52퍼센트 증가했으나, Z세대는 무려 139퍼센트나 증가했다.[1] 이는 불안이 단순히 개별 심리 현상이 아닌 세대적 특성으로 자리 잡고 있음을 보여준다.

Z세대의 성장 배경은 연속된 충격과 불안정의 역사적 사건들로 점철되었다. 그들이 초등학교 시절을 보낸 2008년은 글로벌 금융위기가 터지며 '불황'이라는 단어가 일상화되었다. 이 시기 Z세대는 경제적 불안정성과 무력감 속에서 자랐다. 청소년 시기에는 청년 실업, 양극화, 고용 불안정이라는 단어들이 그들의 현실을 구성했고, 이들 모두는 '노력해도 성공하기 힘들다'는 믿음을 강화시켰다. 대학내일20대연구소의 보고서에 따르면, 20대 응답자의 72.5퍼센트가

본인이 지고 있는 삶의 무게가 무겁다고 응답했으며, 특히 취업준비생(79.2%)과 부모의 경제적 지위가 낮은 중하층(88.3%), 하층(88.2%) 응답자가 더 무겁게 느끼고 있는 것으로 나타났다.[2]

불안을 더욱 부추기는 엄혹한 현실들

대학 입학과 사회 진입 시점에도 Z세대는 또 다른 충격을 경험했다. 2020년 코로나19 팬데믹이 전 세계를 휩쓸었고, 그로 인해 경제적 불확실성은 한층 심화되었다. 동시에 2022년 러시아-우크라이나 전쟁과 기록적인 고물가가 겹치면서 이들의 인생 초기 국면은 연쇄적인 충격의 연속이었다. 경제와 사회의 불확실성이 얽히며 Z세대는 "세계 어디에도 확실한 미래는 없다"는 감각을 강하게 체험하게 되었다.

특히 미국의 보호무역 기조와 고율의 관세 부과는 Z세대가 겪은 경제적 불확실성을 더욱 심화시켰다. 집권 2기를 맞이한 도널드 트럼프 대통령은 '무역 불균형 해소'를 명분으로 중국을 포함한 한국, 베트남, EU, 일본 등 주요 무역국에 대해 각각 20~46퍼센트의 고율 관세를 부과한다고 발표하면서 세계 경제 질서를 뒤흔들었다. 이로 인해 공급망 불안정과 원자재 가격 변동성이 심화되었고, 한국 경제 역시 그 여파를 피할 수 없었다.

한국의 제조업 중심 경제는 위축되었고 청년 일자리는 더욱 줄어들었다. 글로벌 기업들의 투자 전략도 위축되었으며, 특히 Z세대가 사회에 진입할 시기에는 고용 시장이 더욱 어렵게 변했다. 수출 중심의 경제에서 안정적인 일자리는 점점 사라졌고 Z세대는 불확실한 미래를 내다보며 대처할 방법을 고심해야 했다. 경제적인 위기와 동시에, 성공에 대한 개념 자체가 무너지고 있음을 체감한 것이다.

준비 과잉으로 몸부림치는 Z세대

이러한 영향으로 **Z세대는 불확실한 미래에 대비하기 위해 준비 과잉에 몰두한다.** 그들의 주요 특징 중 하나는 '낙오되지 않기 위한 생존 전략'으로 스펙 관리에 대한 지나친 집착이다. 이력서 항목 하나하나에 집중하는 것은 단순한 경쟁이 아니라 그들이 현실에서 마주한 위기의식에서 비롯된 것이다. 자격증, 인턴 경험, 봉사를 비롯한 대외활동 등은 성공을 위한 준비물이 아니라 자신이 경쟁에서 뒤처지지 않기 위한 몸부림이다.

하지만 이와 동시에, **Z세대는 '결정 회피'라는 또 다른 양상도 보인다.** 창업, 해외 취업, 예술 등 도전적인 진로를 꿈꾸면서도 그들은 리스크를 피하고 안정된 직장을 추구하는 경향이 강하다. 이는 단순히 개인의 소심함에서 비롯된 것이 아니다. 실패를 감당할 여유가 없는 사회적 구조적 현실이 반영된 결과이다. 사회적 안전망이 미약한 상황에서 실패를 감수하고 도전하는 것보다 안정적인 직장으로 향하는 것이 더 안전한 선택이 된 것이다.

디지털 세대인 Z세대의 임포스터 신드롬

Z세대는 스마트폰과 소셜미디어가 일상화된 환경에서 자란 첫
번째 세대다. 그들은 초등학교 시절부터 디지털 기기를 자유자재로
다루었고, 페이스북, 인스타그램, 유튜브, 틱톡 등은 단순한 플랫폼
을 넘어 정체성과 사회적 위치를 규정하는 거울로 기능했다. 여기서
의 평가는 언제나 공개적이고, 불특정 다수에게 노출되며 빠르게 이
루어진다. 이러한 환경은 자기노출에 대한 불안, 비교에서 오는 박
탈감, 그리고 '항상 보여져야 하는 존재'로서의 피로감을 동반한다.

이러한 디지털 사회화는 Z세대를 매우 고립된 집단으로 만들었
다. 이들은 세상의 모든 사람과 연결하면서 주변 사람들과 연결을
차단함으로써 그들의 사회생활을 황폐하게 만든다. 한 대학 강의실
의 풍경은 이를 상징적으로 보여준다. 30명의 학생이 같은 공간에
있지만 누군가에게 말을 걸거나 누군가 말을 걸어오는 것을 두려워
하면서 모두 자신의 스마트폰에 몰입한 채 완전한 침묵한 흐른다.
소셜 미디어는 연결과 융화성을 약속하면서 사람들을 유혹하지만
관계의 수는 대폭 늘리는 반면에 그 인간관계의 질은 크게 떨어뜨린
다. 그래서 현실 세계에서 몇몇 가까운 친구와 함께 시간을 보내기
가 더 어려워진다.[3] 이것은 고립과 함께 자기 정체성과 자신감의 약

화를 심화시킨다.

Z세대는 특히 정체성을 내면의 신념이나 가치보다 외부 환경, 특히 온라인 공간을 통해 형성하는 경향이 강하다. SNS에서 '얼마나 반응을 얻었는가', '타인에게 어떻게 보이는가'는 그 자체로 정체성을 구성하는 중요한 요소가 된다. 다시 말해, 자아는 스스로 확립되는 것이 아니라 외부의 피드백과 비교를 통해 규정된다. 이는 곧 정체성의 기반을 취약하게 만들고 자존감은 일시적 인정에 의존하게 된다. '있는 그대로의 나'를 수용하기보다는 '비교를 통해 만들어진 나'를 강화하려는 경향이 심화되며 지속적인 자아 혼란으로 이어질 수 있다.

그리고 이러한 **자기 정체성의 불안정성과 외부 평가 의존성은 Z세대 내에서 '임포스터 신드롬**_{imposter syndrome}**'의 확산으로 연결되고 있다.** Z세대는 끊임없는 비교와 검열 속에서 살아왔고, 디지털 환경은 이들의 성과와 일상을 과도하게 투명하게 만들었다. 그 결과, 겉으로는 성공한 듯 보이는 삶 속에서도 스스로를 가짜처럼 느끼는 임포스터 신드롬이 이 세대에서 눈에 띄게 늘어나고 있다. 실제로 많은 청년들은 좋은 성과를 거두고도 "운이 좋았을 뿐"이라 말하며 자신의 역량을 깎아내리는 경향이 있다. 이는 단순한 겸손이 아니라 내면 깊숙한 곳에 자리한 자기 확신의 결핍이자 불안의 또 다른 얼굴이다.

이러한 정체성의 불안정은 Z세대의 불안을 더욱 고착화시키는 요인으로 작용한다. 그들은 끊임없이 타인의 성공과 소비, 외모, 삶의 방식과 비교하며 "나는 잘 살고 있는가?"라는 질문에 시달린다. 그 결과, 삶의 방향성과 자기평가 기준은 외부 기대에 의해 좌우되며 내면의 일관된 가치보다 외부 기준에 더 민감하게 반응하게 된다.

인생 고통 총량의 법칙

'인생 고통 총량의 법칙'이라는 개념이 있다. 이는 사람이 인생에서 겪어야 할 고통의 총량은 결국 일정하다는 생각으로, 과거 세대와 현재 세대가 이를 받아들이는 방식에 차이를 보인다. 기성세대는 "젊어서 고생은 사서도 한다"는 말처럼 인생의 초반기에 고통을 감내하고 이후의 평온을 기대하는 '고진감래'의 인생 설계를 따랐다. 반면, 요즘 세대는 이미 인생 초입부터 압축된 고통을 경험하며 살아왔다. 출생 전부터 시작된 선행학습, 경쟁 중심의 교육, 빠른 진입과 조기 스펙 관리 속에서 그들은 누구보다 일찍 지쳤다. 이제는 오히려 "나는 충분히 고생했다"고 느끼며 더 이상 고통을 '미뤄둘 수 없다'는 감각을 갖게 된 것이다.

그래서 이들은 인생의 방향을 빠르게 점검하려 한다. 정신없이 달려온 방향이 과연 옳았는지, 자신이 선택한 길이 진정 원하는 삶인지 일찍감치 돌아본다. 기성세대가 40~50대에 접어들어 삶을 성찰했다면, 이들은 입사하자마자 혹은 대학 시절부터 '내가 가는 이 길이 맞는가'를 고민한다. 더불어, 불안한 미래를 대비하기 위해 주말이나 퇴근 후 시간을 쪼개 자기계발에 매진하며 생존을 위한 루틴을 만든다. 여기서 흥미로운 점은 이 루틴이 특정 기업에서 오래 살아남기 위한 전략이 아니라 자기 자신을 유지하고 보호하기 위한 일종의 '내면 강화 장치'라는 점이다. 루틴은 단지 하루를 관리하는 기술이 아니라 불안정한 외부 환경 속에서 스스로를 통제할 수 있다는 심리적 안정의 수단이다. 지격증이든, 운동이든, 독서든, 어떤 내용이든 상관없다. 중요한 것은 '내가 무엇을 할 수 있는 사람인가'를 확인하고 그것을 습관처럼 몸에 새기는 것이다.

　이런 환경에서 성장한 **Z세대에게 불안은 더 이상 극복해야 할 장애물이 아니라 일상적으로 관리하고 조절해야 할 상태로 자리잡고 있다.** 이들은 마음챙김, 명상, 감정 추적 앱, 심리 상담 등을 통해 스스로의 상태를 지속적으로 점검하고 조율한다. 예를 들어, 20대 직장인 A씨는 "불안하면 그냥 넘기지 않는다. 원인을 적고 루틴을 재정비한다"고 말하며 매일 감정일기를 쓰고 주 1회 심리상담 앱을 활용한다. 실제로 정신건강 서비스 앱 마인들리는 2022년 대비 2024년 사용자 수가 2.5배 증가했으며, 이 중 절반 이상이 Z세대였다. 셀프케어 콘텐츠 시장 역시 두 자릿수 성장률을 보이며 명상, 루틴 관리, 감정 조절 콘텐츠에 대한 수요가 꾸준히 증가하고 있다.

　결국 Z세대의 불안은 단순히 미래에 대한 불확실성 때문만이 아니다. 디지털 시대의 비교 중심 문화, 외부 피드백에 의존한 정체성 형성, 그리고 사회적 안전망이 약화된 구조 속에서 이들의 불안은 더욱 구조화되고 일상화되고 있다. 자신을 지키기 위해 더 철저히 자신을 관리하지만 아이러니하게도 그 치열한 관리의 과정이 자율성과 주체성을 잠식하며 오히려 불안을 상시적인 상태로 고착화시키는 역설로 이어지기도 한다. 끊임없는 루틴, 자기계발, 감정 모니터링은 불안의 해소책이자 동시에 불안의 또 다른 이름이 되고 있다.

리더십의 핵심적인 기반, 자기효능감

Z세대는 본질적으로 리더십과 거리가 먼 세대가 아니다. 오히려 그들은 기존의 위계 중심적 리더십 구조보다는 수평적 소통과 공동체적 의사결정에 더 친숙하다. 그들은 권위적 명령보다 설득과 협력을 중시하고 지시보다는 조율을 통해 팀의 방향을 이끄는 방식에 더 높은 수용성을 보인다. 그러나 이러한 성향이 있음에도 불구하고 실제로 리더 역할을 맡아야 하는 순간이 오면 선뜻 나서지 못하고 주저하는 모습을 보인다. 그 이면에는 단순한 기질이나 가치관의 차이를 넘어선 심리적 장벽, 특히 '불안'이라는 정서적 기반이 깊이 작용하고 있다.

Z세대에게 리더십은 단순히 과업을 수행하는 능력의 문제가 아니다. 그것은 감정적으로 고립될 수 있는 자리이자, 실수를 공개적으로 드러내야 하는 위치이며, 때로는 타인의 불만을 감수해야 하는 심리적 노출의 영역이다. 따라서 이들에게 있어 리더십은 '하고 싶은 역할'이 아니라 '심리적으로 감당해야 할 부담'으로 인식되는 경우가 많다.

불안은 흔히 단순한 감정적 불편함으로 치부되지만, 심리학적으로는 사고와 행동을 왜곡하는 인지적 필터로 작용한다. 특히 자기 자신에 대한 평가, 미래에 대한 기대, 타인의 시선을 해석하는 방식에 깊은 영향을 미친다. 이 가운데 가장 결정적인 영역이 바로 자기효능감Self-efficacy이다. **자기효능감이란 "내가 특정한 과제를 성공적으로 수행할 수 있다"는 자기 신념이며, 이는 곧 도전, 회복탄력성, 리더십 행동의 핵심적 기반이 된다.**

2023년 Medea Leona Rigel이 제시한 연구가 이 점을 명확하게 보여준다. 해당 연구는 밀레니얼 세대와 Z세대를 대상으로 한 심층 조사에서, 불안 수준이 높을수록 자기효능감이 낮아지고, 이는 곧 리더십 발현 가능성을 현저히 떨어뜨린다는 결과를 도출했다. 리더로서 앞에 나서는 데 필요한 내적 확신이 부재할수록 이들은 책임을 지는 위치보다 안전하고 평가받지 않는 위치를 선택하게 된다.

이는 단지 개인의 심리 문제로 한정되지 않는다. Rigel의 연구는 불안이 개인의 리더십 기질을 저해할 뿐 아니라 조직의 리더십 후속 세대 발굴과 성장을 구조적으로 저해하는 요인으로 작용할 수 있음을 경고한다. 불안을 제어하지 못한 조직은 리더 후보군 자체가 좁아지며, 결국 리더십 공백 사태에 직면할 수 있다.

Z세대는 역사상 최초로 디지털 정체성을 기반으로 사회적 관계를 맺은 세대다. 그들은 SNS를 통해 자신을 표현하고 타인의 시선을 의식하며 성장했다. 이러한 환경은 '자기 노출'에 대한 민감성을

극대화시켰다. 매 순간 '좋아 보이는 나', '실수 없는 나'를 연출해야 한다는 압박은 곧 리더에게 요구되는 불완전함의 수용을 심각하게 방해한다.

나도 잘해보고 싶다고!

리더란 본질적으로 불완전함을 감수해야 하는 존재다. 팀원과 조직의 방향을 설정해야 하며 때로는 미완의 정보 속에서 결정을 내려야 하고, 실패에 대한 책임을 지며 배우는 과정을 반복해야 한다. 그러나 SNS 문화는 실패와 시행착오가 아닌 완벽한 이미지의 유지를 강요한다. 이러한 문화적 배경 속에서 자라난 Z세대는 노출 불안 exposure anxiety과 완벽주의perfectionism 성향을 강화하고 자연스럽게 위험을 감수하기보다는 회피하는 방향으로 행동하게 된다.

캐나다의 심리학자 앨버트 밴듀라Albert Bandura는 자기효능감 개념을 통해 인간이 도전적인 과업을 수행하는 데 있어 무엇보다 내면의 신념이 중요함을 강조했다. 그는 "자신이 성공할 수 있다고 믿는 사람만이 실패를 감내하고 타인을 설득하고, 앞장설 수 있다"고 말한다.

리더라는 자리 역시 마찬가지다. 지시를 내리거나 방향을 설정하는 데에는 언제나 불확실성이 존재한다. 높은 자기효능감은 이 불확실성 속에서도 의사결정을 가능하게 하고 타인의 신뢰를 이끌어내는 행동으로 이어진다. 반면, 낮은 자기효능감은 "내가 해도 괜찮을까?", "실수하면 어떻게 하지?"와 같은 끊임없는 자기의심으로 이어지며, 결국 리더십의 첫 발을 내딛지 못하게 만든다.

Z세대가 전반적으로 자기효능감이 낮은 이유는 결코 무능에서 비롯된 것이 아니다. 앞에서 살펴보았듯 그들은 경제적 불안정성, 장기적 목표의 부재, 끊임없는 비교 경쟁, 그리고 실패를 용납하지 않는 사회 분위기 속에서 성장했다. 이 모든 요소는 자기효능감을 약화시키는 요인이며 궁극적으로 리더 포비아로 연결된다.

실제로 현장에서 Z세대 구성원들에게 리더직을 제안했을 때, "아직은 아닌 것 같다", "제가 팀을 이끌 자격이 있는지 모르겠다", "갈등이 생길까 봐 부담스럽다"는 반응이 자주 들린다. 이들은 리더십을 권력이나 지위가 아닌 감정노동의 최전선으로 인식한다. 팀원 간의 갈등을 조정하고 목표를 설정하고 피드백을 주고받아야 하는 자리는 곧 갈등과 비난의 위험에 노출되는 자리로 보인다.

더욱이 '좋은 사람이고 싶다'는 Z세대의 욕구는 피드백 제공이나 감정 조절과 같은 리더의 역할을 더욱 어렵게 만든다. "갈등을 유발할 수 있다면, 차라리 하지 않겠다"는 심리가 그들의 선택을 결정짓는 것이다. 이는 명백한 자기보호 전략이자 심리적 회피다. 그리고 이 회피는 불안과 낮은 자기효능감이라는 구조적 원인에서 비롯된다.

리더 포비아와 경쟁의 덫

1970년대 후반, 정부의 시장 개입을 강조하던 케인스주의가 퇴조하면서 신자유주의가 그 빈자리를 차지했다. 신자유주의는 자유 시장과 경쟁, 개인의 책임을 중심에 두는 이념으로 "사회란 존재하지 않는다. 오직 개인만 존재할 뿐이다"라는 영국의 첫 여성총리 마거릿 대처의 선언은 이 철학의 핵심을 드러낸다.

신자유주의가 빠르게 확산될 수 있었던 가장 큰 동력은 바로 '능력주의meritocracy'가 결정적인 동력으로 작용했다. 능력 있는 사람이 보상받고 실패한 자는 스스로의 책임이라는 논리는 그 자체로 매혹적인 정의로 포장되었고 개인의 노력과 성취를 중심으로 한 새로운 경쟁의 룰을 제시했다.

능력주의를 정치 이념으로 정립한 이는 미국 독립선언문 초안 작성자이자 3대 대통령이었던 토머스 제퍼슨Thomas Jefferson이었다. 그는 타고난 부와 출생에 뿌리를 둔 귀족이 사회를 주도했던 구대륙 유럽과 달리 재능과 천재성에 근거한 귀족이 등장할 수 있는 나라를 신대륙에 세우는 데 있었다. 재능 있는 이가 노력을 기울이면 누구나 엘리트인 자연적 귀족이 될 수 있다는 게 제퍼슨의 능력주의였다. 미국 외의 국가에서 살고 있는 외국인들이 기회의 땅 미국으로 이민 간다며 등장한 '아메리칸 드림'의 역사적 · 철학적 기원은 바로 여기에 있다.

능력주의의 순기능과 역기능

능력주의는 중세 신분사회의 질서를 무너뜨리고 '개천에서도 용이 날 수 있다'는 관점에서 개인의 잠재력을 중시하는 긍정적 효과가 있다. 구두닦이 소년이 백만장자가 되고, 신문팔이가 미디어 왕국의 제왕이 되고, 주차장의 차고에서 인터넷 기업의 억만장자가 되는 신화가 그러하다. 양초제조업자 아들인 벤자민 프랭클린에서 아칸소주 촌뜨기인 빌 클린턴에 이르기까지 연줄과 배경이 아니라 성실함과 능력이 바탕이 되면 누구나 성공할 수 있는 믿음은 신자유주의를 지탱해 온 기본 가치였다.

그러나 능력주의는 시간이 지날수록 그 순기능보다 역기능이 부각되었다. 특히 20세기 후반 이후, 신자유주의의 확산과 함께 능력주의는 점차 왜곡되기 시작했다. 출발선의 평등이라는 전제가 무너진 사회에서 능력주의는 경쟁이라는 이름을 빌린 착취와 차별의 논리로 전락했다. 경쟁이 치열해질수록 능력 있는 소수는 계속 상승하지만, 그렇지 못한 다수는 탈락의 불안 속에 내몰렸다. 예컨대 미국의 경우, 1930년대에는 국민의 상위 50퍼센트가 국가 부의 대부분을 통제했지만, 1960년대에는 30퍼센트, 최근에는 단 10퍼센트만이 부의 대부분을 차지하고 있다. 사회적 유동성은 마비되었고 자유는 불안이라는 그림자에 가려지게 되었다. 독점은 불법이라 하지만 반도체·AI·자동차·철강·화학·석유·IT·유통 등 핵심 산업은 소수 대기업이 장악하고 있다. 결국 자본은 인수합병을 통해 부의 집중을 더욱 가속화했고 중소기업과 자영업자의 시장 진입은 사실상 봉쇄되었다. 그 결과, '모두에게 동등한 기회가 주어진다'는 신자유주의의 가설은 설득력을 잃었고, '금수저·흙수저'라는 수저계급론이 현실을 대변하는 풍자로 자리 잡게 되었다.

능력주의는 표면적으로는 공정한 경쟁의 규칙을 약속하며 능력만 있다면 누구든지 성공할 수 있다는 희망을 준다. 이는 기회의 확대라는 긍정적인 메시지를 담고 있는 듯 보인다. 그러나 그 이면에는 언제든지 경쟁에서 탈락할 수 있다는 퇴출의 공포가 존재한다. 그리고 **오늘날의 젊은 세대에게는 능력주의가 제공하는 기회보다는 퇴출의 리스크가 훨씬 더 현실적이고 무겁게 다가온다.**

커리어에 대한 인식차가 리더 포비아를 만든다

이로 인해 세대별 커리어 인식에도 큰 차이가 나타난다. 베이비부머 세대는 한 조직에 오래 남아 더 많은 경험과 지식을 쌓는 것이 성공의 방식이었다. X세대는 회사 밖에서도 어학이나 자격증을 공부하며 자기계발을 통해 커리어를 확장해나갔다. 이들에게 '일'은 곧 '정체성'이자 '커리어'였다.

하지만 요즘 세대는 다르다. 이들은 하나의 조직에 인생을 걸기보다 조직 바깥에도 자신의 가능성과 세계를 구축하려 한다. 한 가지 일에 몰입하기보다는 두세 가지 일을 병행하며 생계를 유지하고 선택지를 넓히는 N잡러 전략을 취하는 거다. 앞 세대가 하나의 길을 깊고 넓게 다졌다면, 이들은 여러 갈래의 길을 나누어 리스크를 분산시키는 방식으로 일에 접근한다. 그들에게 있어 일은 정체성이라기보다는 생존을 위한 수단이다.

이런 맥락에서 요즘 세대가 리더가 되기를 주저하거나 회피하는 리더 포비아 역시 같은 구조적 불안에서 기인한다. **리더의 자리는 더 큰 보상을 의미하기보다는 더 큰 책임, 더 빠른 탈락의 가능성, 더 많은 비난의 대상이 되는 자리로 인식된다.** 특히 하나의 조직에 모든 것을 걸지 않는 젊은 세대에게는 리더라는 자리는 자신을 불필요하게 노출시키고 고립시킬 수 있는 위험 요소로 받아들여진다. 때문에 그들은 리더가 되기보다 여러 역할을 나누고 조율하며 함께 일하는 구조를 더 선호한다. 리더십이 희생과 책임의 상징으로 작동하는 한, '잡'을 병렬적으로 배치하는 이 세대는 리더라는 자리를 피하려 할 수밖에 없다.

이러한 태도는 단순한 개인 성향의 문제가 아니라 능력주의 시스템이 초래한 불안정성과 깊은 관련이 있다. **무한경쟁의 구조 속에서**

낙오하면 다시 회복하기 어려운 현실, 실패한 사람에게 구조적 책임이 아닌 개인의 잘못이 전가되는 분위기 속에서 요즘 세대는 다양한 일과 기회를 확보함으로써 자신을 보호하려는 것이다. 능력주의가 더 이상 공정한 기회를 제공하지 않는다고 느낄 때 그들은 조직에 몰입하기보다 조직을 전략적으로 활용하려는 경향을 보인다. 이는 회피가 아니라 불안정한 시대에 살아남기 위한 합리적 생존 전략이다.

꿈과 현실 사이의 균열

미국의 경제정보 미디어 블룸버그가 매년 세계 400대 부자를 조사한 결과에 따르면, 한국인은 삼성과 현대 등 대기업 창업자의 자녀들이 포함되어 있다. 이들은 부의 원천이 상속이었고 당대에 부富를 일궈 세계 최고 부호 반열에 들어간 사람은 한 명도 없었다. 이러한 변화는 또 다른 변화의 원동력이 형성된다. 과거에는 종교, 윤리, 사회 같은 제도적 권위가 경제와는 별도로 기능하며 각자의 영향력을 행사할 수 있었지만 21세기의 신자유주의는 이 모든 요소를 시장에 종속시킨 포괄적 이데올로기로 전환되었다. 도덕과 윤리는 더 이상 독립적인 가치 기준이 아니라 경제논리에 종속된 하위 개념으로 전락했고 인간의 욕망과 정체성마저 시장 원리에 의해 식민지화되고 있다.

기성세대는 종종 오늘날의 젊은 세대가 노력하지 않는다고 평가

절하지만 이는 시대의 조건을 간과한 판단이다. 과거에는 비교적 저렴한 교육비, 직업적 안정성, 계층 상승의 기회가 존재했다. 반면, 오늘날에는 부모의 경제적 자원, 상속 자산, 조기 사교육 투자, 인맥 등의 비능력적 요인이 개인의 미래를 좌우하는 핵심 요소가 되었다. **능력과 노력이 통하지 않는 현실 속에서 많은 청년들이 이미 출발선부터 뒤처진 채 경쟁에 내몰리고 있는 것이다.**

이를 극복하기 위해 정부는 교육 기회의 확대, 노동시장 개혁, 상속세와 자산세 강화, 패자부활을 위한 사회안전망 마련 등 다양한 정책을 시도해왔다. 그러나 이 모든 제도는 정작 흙수저 계층 내부의 과도한 경쟁만 부추기는 레드오션 구조로 귀결되었고 상향 이동 가능성은 점점 낮아지고 있다. 결국, 능력주의 사회를 지향한다던 신자유주의 체제는 능력 외적 요인이 좌우하는 구조적 불평등 사회로 변질되고 말았다.

명화 속에 담긴 불평등의 은유

이 그림은 프랑스의 인상파 화가인 에드가 드가_{Edgar De Gas}가 1878년에 그린 무용수의 아름다움을 표현한 작품으로 14세의 어린 소녀가 예쁜 발레 옷을 입고 가냘픈 몸으로 무대 위에서 춤을 추고 있다. 장면을 위에서 내려다보는 과감한 구도와 인공적인 조명의 효과를 표현한 것은 명화로서 높은 점수를 얻는다. 그런데 이 아름다

에드가 드가, 에투알(수석 무용수),
1878, Pastel on paper, 60×44cm,
파리 오르세 미술관

운 장면 뒤에는 우리가 쉽게 보지 못하는 사회적 현실이 숨어 있다. 오늘날 발레는 예술양식의 하나로 여겨지지만 19세기 말까지의 유럽, 특히 프랑스에서 발레는 상류계급 남성들의 향락과 연계된 공간이었다. 오페라 극장은 단순한 공연장이 아니라 귀족과 부유층 남성들의 사교장이었고 무용수들은 사실상 후원자를 얻기 위해 경쟁해야 했다.

드가의 작품 속 무대 뒤 검은 양복의 남성은 단순한 관객이 아니라 무용수의 후견인이며, 무용수의 목에 걸린 검은 리본은 예술이 아닌 거래의 상징이었다. 발레는 꿈을 실현하는 공간이 아니라 빈곤한 가정의 소녀들이 생계를 위해 뛰어들어야 했던 경쟁의 현장이었고 후원자의 선택을 받기 위한 보이지 않는 전장이나 다름없었다.

결국, 당시의 발레는 오늘날의 능력주의 사회처럼 출발선이 다른 이들 사이의 치열한 생존경쟁이 벌어지는 레드오션이었다. 재능과 노력만으로는 살아남을 수 없었고, 배경과 외모, 후원자의 유무가 미래를 결정짓는 결정적 변수였다. 화려함 뒤에 숨겨진 이 잔혹한 현실은 오늘날 젊은 세대들이 부딪히는 현실과 다르지 않다. 아름다운 그림 속 장면은 바로 그러한 불평등의 은유다.

소속감이 실종된 조직

시대의 변화에도 불구하고 능력주의는 조직의 소속감마저 상실하게 만든다. 오늘날 조직은 인력을 채용할 때 지속적인 관계를 염두에 두기보다는 프로젝트 단위로 고용하고 평가한다. 그 결과, 구성원들은 계약 연장과 기대 이상의 보상을 얻기 위해 처음부터 서로 경쟁을 벌여야 한다. 그 안에는 '인정'도, '배려'도, '소속감'도 숨 쉴 공간이 없다. 오직 제한된 시간 안에 정해진 목표를 달성해야 하며, 그 목표는 공포와 질투, 경쟁의 방식으로만 추동된다.

소속감의 실종은 더 이상 조직만의 문제가 아니다. 협업이 핵심인 스포츠의 영역, 축구 경기장까지 전이되었다. 축구광인 루이스 토바크Louis Tobback 벨기에 내무장관은 이런 말을 한 적이 있다. "축구장에서 열한 개의 주식회사가 뛰어다닌다. 선수들의 머릿속엔 한 가지 생각밖에 없다. 다음 시즌엔 어디로 가야 더 많은 돈을 벌 수 있을까?"

결국 신자유주의의 기반인 능력주의는 보편적 이기주의라는 애초의 출발점으로 돌아온다. 타인과 팀웍을 먼저 생각하는 보편적 윤리가 퇴색되면서 새롭게 등장한 도덕적 기준은 순수 공리주의 성격을 띤다. 모든 행위는 조직의 성장과 이윤의 창출로 집중된다. 이 목표를 달성하기 위해 조직은 구성원을 실시간으로 평가하고 통제한다. 이러한 통제는 개인과 개인의 의심을 낳고 조직은 실시간 평가를 통해 권력을 쌓는다. 이로 인해 조직과 개인 사이에는 부정적인 감정이 쌓이고 불신이 일상화된다. 도덕과 윤리는 점점 더 사라지고 계약이라는 명문화된 규칙만이 행동의 정당성을 보장한다. 경쟁에서 배제된 개인은 더 이상 존중받는 존재가 아닌, '잉여'로 낙인찍힌다. **결국 능력주의는 모두를 경쟁의 장으로 몰아넣지만 그 끝에는 누구도 소속되지 못한 채 버려지는 삶이 기다리고 있다.**

경쟁의 끝자락에서

사람들은 오랫동안 교육이야말로 신분을 향상시킬 수 있는 가장 공정한 수단이며, 능력주의의 핵심이라고 믿어왔다. 상대적으로 척박한 환경에 태어났더라도 우수한 교육을 받고 국가고시를 통과하면 높은 소득을 올릴 수 있는 좋은 직업을 얻을 수 있다는 믿음은 견고했다. 교육은 부모의 재력이나 출신 배경과 무관하게 누구에게나

평등하게 주어지는 동일한 출발선으로 여겨졌던 것이다.

그러나 현실은 정반대다. 교육의 양과 질은 사회 계층에 따라 명확히 구분된다. 사는 지역에 따라 사립과 공립의 분포가 달라지고 지방자치단체의 예산 차이는 학교 시설과 교육 프로그램의 수준에 직접적인 영향을 미친다. 결국 교육은 더 이상 출발선이 아닌 불평등을 반영하고 정당화하며 심지어 세습하는 매개체로 전락했다.

취업포털 잡코리아와 알바몬이 20대부터 40대까지 성인남녀 3,882명을 대상으로 '성공의 조건'을 주제로 설문조사를 한 결과, 1순위로 꼽힌 것은 '경제적인 뒷받침·부모님의 재력(29.5%)'이었다. ⁴2013년 같은 질문에서 1순위였던 '학벌'은 5위로 밀려났다. 이는 능력주의의 신화를 정면으로 부정하는 통계다. 부모의 재력이 부족한 이들은 인생의 출발점부터 기울어진 운동장에서 출발하며, 교육을 통해 기회를 되찾는 일조차 불가능해지고 있다. **양질의 교육은 이제 선택이 아니라 선택받은 자에게만 주어지는 것이다.**

그래서인지 요즘 '지성적'이라는 말은 더 이상 칭찬이 아니다. "그렇게 똑똑한데 왜 돈을 못 벌어?"라는 질문은 능력주의의 모순을 날카롭게 지적한다. 비능력적 요소가 받쳐주지 않으면 진짜 능력은 현실에서 작동하지 않는 판타지에 불과하다.

능력주의에서 벗어나 연대로 인간다움을 지키자

모든 지배 이데올로기가 그렇듯, 능력주의 또한 양방향이 아닌 일방통행이다. 겉으로는 모두에게 열린 기회의 세상처럼 보이지만 실제로는 경제적 기득권을 가진 이들의 욕망을 정당화하는 수단에 불과하다. 그 결과 대다수는 성취보다 스트레스, 열등감, 자책 속에서 살아간다. 이 시스템은 단기적으로는 생산성과 성과를 높이는 듯 보이지만 장기적으로는 인간의 존엄성과 공동체의 지속가능성을 갉아먹는다.

진정한 능력은 남들과의 비교나 경쟁에서 비롯되지 않는다. 타인과의 연대, 세상의 기준에 얽매이지 않는 독창성에서 비롯된다. 획일적인 성적순으로 인간의 가치를 재단하는 능력주의의 저주에서 벗어나 각자의 길을 찾고, 타인의 존재를 인정하는 연대만이 인간다움을 지켜낼 수 있다.

이러한 문제의식은 세계 여러 나라에서도 공유되고 있다. 2018년 12월 1일, 멕시코는 89년 만에 좌파 성향의 마누엘 로페스 오브라도르 대통령을 맞이했다. 그는 취임 연설에서 "정부는 더 이상 탐욕스러운 소수의 편에 서지 않겠다"며 신자유주의의 종식을 선언했다. 오늘날 멕시코뿐 아니라 세계 곳곳에서 신자유주의가 초래한 빈부 격차, 특권의 세습, 대기업의 독점, 사회적 차별은 심각한 사회 불안을 야기하고 있다.

인간은 자유를 원하지만 동시에 통제받기를 바라는 이중성을 지닌 존재다. 1832년 6월 혁명을 배경으로 한 빅토르 위고의 소설《레미제라블》에서도 자유를 외치면서 동시에 황제 나폴레옹을 그리워하는 민중의 양가감정이 묘사된다. 과연 우리는 진정한 기회 평등, 오직 능력만으로 평가받는 사회를 만들 수 있을까? **능력주의가 이상에서 현실로 작동하기 위해서는 그것이 전제하는 공정한 조건부터 재구성되어야 한다. 그렇지 않다면 능력주의는 희망이 아니라 또 다른 신분제일 뿐이다.**

결론적으로 능력주의와 신자유주의는 표면적으로 공정한 경쟁과 기회의 확대를 주장하지만 현실에서는 오히려 불평등을 심화시키고 개인의 부담을 가중시킨다. 특히 리더의 자리는 이러한 불안정성과 경쟁의 압박 속에서 점점 더 부담스러운 역할로 변질되며, 리더 포비아 현상은 이러한 구조적 불안정성에서 비롯된다. 리더를 맡는 것이 더 이상 기회나 성취를 의미하는 것이 아니라 책임과 리스크의 부담으로 인식되는 상황에서 리더라는 자리를 회피하려는 경향은 필연적으로 확산될 수밖에 없다. 따라서, 능력주의가 실질적인 공정성을 이루기 위해서는 그 기반이 되는 구조적인 조건을 재정립하고, 그에 따라 사회 전반의 리더십 역할도 재조정해야만 진정한 의미의 평등과 공정한 기회가 실현될 수 있을 것이다.

편집증적 양육의 시대

사례 1　경기도에 사는 한 어머니는 자녀가 중학교 1학년이 될 때까지 매일 아침 식사를 먹여주고 심지어 수저를 손에 쥐어주는 일까지 해왔다. 이유를 묻자 "애가 아직 잘 못해서요. 아침엔 시간도 없고 제가 도와주는 게 더 빨라요"라고 말했다. 해당 아이는 학교에서 늘 소극적이고 발표도 꺼리며, 친구들과 어울리는 데도 어려움을 겪고 있었다.

사례 2　서울 마포구에 사는 한 어머니는 아이가 다섯 살이 되도록 놀이터에 거의 데려가지 않았다. 이유는 간단했다. "놀다가 다칠까 봐요. 집에서 조용히 블록 놀이만 해요." 해당 아이는 이후 유치원에 입학했지만 사소한 신체 접촉에도 울거나 위축되는 모습을 보였고, 교사로부터 '위험 회피 성향이 매우 강하다'는 평가를 받았다.

위 두 사례에서 보듯 "나는 우리 아이가 상처받는 걸 볼 수 없어요." 이 한 문장은 오늘날 수많은 부모의 양육 방식을 요약한다. 그들은 아이가 좌절하거나 실패하거나 경쟁에서 밀려나는 순간을 '절대 일어나지 않아야 할 비극'으로 간주한다. 아이의 눈물이 곧 부모의 패배처럼 느껴지고 아이가 느낄 모든 불편과 불안 앞에 선제적으로 개입하지 않으면 죄책감이 덮쳐온다. 그 결과, 아이는 넘어져 본 적도 없고, 싸워 본 적도 없고, 뭔가를 놓쳐본 적도 없다. 언제나 누군가가 먼저 대신 싸워주고, 대신 결정해주고, 대신 책임져주었기 때문이다. 이러한 '편집증적 양육paranoid parenting'은 좋은 의도에서 출발하지만 결과적으로 아이들의 내면을 마비시키고 스스로 삶을 설계하는 능력을 약화시키며, 더 나아가 리더십의 무게를 감당하지 못하는 어른으로 성장하게 한다.

사랑이라는 이름의 감금

많은 부모들은 실제로 아이에게 더 많은 자유와 자율성을 주고 싶어 한다. 그러나 이는 결코 쉬운 일이 아니다. 다른 부모들의 시선, 학교의 기준, 심지어는 법과 제도까지도 부모에게 '아이를 더 보호하라'고 끊임없이 요구한다. 부모 자신이 허용 가능한 수준을 넘어서는 과잉보호가 사회 전체의 규범이 되어버린 것이다.

2015년 미국 플로리다주에서 부모가 얼마간 귀가를 미루었다가 아동방치 혐의로 기소를 당한 것이 그 일례다. 이들 부부에겐 열한 살 난 아들이 있었는데 소년은 사람이 없어 집안으로 들어가지 못하자 자기 집 마당에서 농구를 하며 90분 정도 놀았다. 그런데 이 장면을 본 이웃 주민이 아이가 방치됐다고 판단해 경찰에 신고를 한 것이다. 아이의 부모는 수갑을 찬 채 체포되어 밤새 유치장에 수감되었다가 결국 아동방치죄로 체포되었다. 마당에서 혼자 농구를 한 소년과 네 살배기 동생은 위탁보호 시설에 들어가 한 달을 지내야 했다. 참고로 당시 네 살배기 동생은 혼자 방치돼 있지도 않았다. 부모는 위험한 행동을 방치한 사람으로 낙인찍혔고, 심지어 아이들은 부모 품으로 돌아온 뒤에도 별도의 놀이 치료에 참가해야 했다.[5]

이런 사례는 특이한 예외가 아니다. 2014년, 미국 코네티컷주의 한 도시에서도 유사한 일이 벌어졌다. 한 어머니가 딸과 함께 약국에 들렀는데, 열한 살 난 딸은 "차 안에서 기다릴게"라고 말하며 혼자 차에 남았다. 날씨는 더운 여름이었고 차량 유리창은 모두 닫혀 있었다. 이를 목격한 한 행인이 빠르게 경찰에 신고했고 아이의 어머니는 아이를 혼자 둔 죄로 법적 조사를 받아야 했다. 당시 출동한 경찰은 아이가 "정상적으로 반응하며" 그렇게까지 스트레스에 시달리지 않은 것 같다고 밝혔다. 그 여자 아이는 열한 살이었다. 아이가 먼저 엄마가 차를 나서기 전에 자기는 차 안에 남아 있을 테니 엄마 혼자 약국에 다녀오라고 말했던 것이다.[6]

부모가 자녀에게 최소한의 자율성을 허용하려 한 결과가 어떻게 위험을 방치한 범죄로 간주되는지를 보여준다. 아이가 혼자 놀거나 차 안에서 잠시 기다리는 일조차 안전하지 않다는 사회적 압력 속에서는 부모가 자녀를 신뢰할 수 있는 공간이 점점 사라지고 있다. 그리고 이러한 사회는 아이들로 하여금 스스로 판단하고 선택할 수 있는 기회를 박탈한다.

스스로 생각하고 행동할 기회를 빼앗긴 아이는 자율성과 책임감을 배우지 못한 채 자란다. 이들은 성인이 되어서도 결정의 무게를 감당하지 못하고 리스크를 감수하기보다 피하고 싶어 하며, 리더가 되는 일을 부담스러워하게 된다. 그렇게 우리는 리더를 꿈꾸지 않는 세대, 책임을 회피하는 문화를 만들어가고 있는지도 모른다.

이런 현상은 한국도 예외가 아니다. 한국 사회 역시 "아이는 항상 어른의 시야 안에 있어야 한다"는 강박이 널리 퍼져 있다. 실제로 서울의 한 초등학교에서는 셔틀버스에서 하차한 후 학부모가 정해진 위치에서 자녀를 인수인계하지 않으면 아이를 내리게 하지 않는 일이 실제로 시행된 바 있다. 한 학부모가 10분 늦게 도착하자 아이는 그대로 학원으로 다시 돌아가야 했고, 그 뒤로 그 가족은 책임감 없는 부모라는 낙인을 피할 수 없었다. 아이가 단 몇 분 혼자 있는 것조차 집단적인 불안과 비난의 대상이 된 것이다.

이처럼 부모의 양육 의지보다 더 강력한 사회적 통제가 작동하는 한국의 풍경 속에서도 아이의 자율성과 경험의 범위는 점점 더 좁아지고 있다. 위험을 완벽히 제거하고 싶어 하는 사회, 실패 없는 안전만을 추구하는 환경은 아이들로 하여금 스스로 삶을 조율할 수 있는 기회를 박탈한다.

자유를 빼앗긴 아이들

편집증적 양육, 헬리콥터 양육, 각종 법률, 거기에 사회적 규범까지 맞물리면서 아이들을 감시하지 않고 혼자 두는 것이 오늘날의 사회에서는 더 어렵게 되었다. 오히려 현대 사회에서는 너무나도 당연한 현상처럼 여겨진다.

아이들은 더 안전한 환경에서 자라고 있지만 아이러니하게도 불안과 스트레스 지수는 높아지고 있다. 2021년 한국청소년정책연구원의 조사에 따르면, 초등학생의 스트레스 경험률은 61.5퍼센트, 중학생은 76퍼센트에 달했다. 2023년 서울시 아동·청소년 정신건강 통계에서는 '성적과 미래에 대한 불안' 외에 '실수에 대한 두려움', '혼자 행동하는 것에 대한 불안'이 상위 원인으로 지목됐다. 미국 애리조나 대학의 세그린과 기버츠Segrin & Givertz 등의 연구에 따르면 과잉보호를 받은 젊은 세대들이 실제로는 낮은 자기효능감을 갖고 있으며, 일상적인 대학 생활의 스트레스조차 스스로 해결하지 못하는 경향이 강한 것으로 나타났다. 특히 이들은 '결정 회피 경향decision avoidance'이 높고, 실패 가능성이 있는 상황에 직면했을 때 자발적 회피를 선택하는 비율이 높았다.[7] 이러한 보호 환경에서 자란 아이들은 스스로 문제를 해결하려는 시도조차 하지 않으며, 누군가 항상 정답을 제시해주길 기다리는 습관을 갖게 된다. 작은 실패에도 좌절하거나 분노하는 경우가 많고, 이는 학령기 후반과 청소년기, 그리고 성인기까지 연결된다.

고통 없이 기를 수 없는 회복탄력성

무엇보다 이런 배경에서 자란 아이들은 회복탄력성resilience이 매우 낮다. 회복탄력성이란 실패, 좌절, 스트레스 같은 삶의 충격을 경험한 후 다시 일어설 수 있는 심리적 복원력이다. 하지만 편집증적 양육을 경험한 아이는 넘어져도 다시 일어나는 법을 배우지 못한다. 왜냐하면, 넘어져 본 경험 자체가 없기 때문이다.《너의 세상을 바꿔라Change Your World》의 저자인 마이클 언거Michael Ungar와 실제로 회복탄력성을 연구해 온 심리학자들은 공통적으로 이렇게 말한다. **"회복탄력성은 고통의 경험 없이 절대 길러질 수 없다."**

부모가 대신 모든 장애물을 치워주는 동안 아이는 시도하고 실패하는 기회를 상실하게 된다. 이로 인해 '자신의 힘으로 상황을 바꿀 수 있다'는 자기효능감이 낮아지고 문제 상황에 처했을 때 회피하거나 남 탓을 하거나 무기력하게 주저앉는 태도를 취하기 쉽다.

이와 관련해 서울대학교 아동발달가족학 연구팀이 수행한 연구는 주목할 만하다. 초등학교 고학년 아동을 두 집단으로 나눈 뒤, 하나는 보호자 개입 없이 스스로 문제 상황을 해결하게 하고, 다른 집단은 계속해서 어른의 개입과 지시를 받도록 했다.[8]

결과는 뚜렷했다. 자율 그룹은 문제해결 이후 스트레스 수준이 낮고 자기결정감 점수가 27퍼센트 높게 나타났으며 도전적 과제에 대한 선호도 또한 유의미하게 높았다. 반면, 편집증적 양육 그룹은 실패 경험에 과도하게 위축되거나 문제 상황 앞에서 "누가 좀 도와줘야 한다"는 반응을 보였다.

이는 단지 아동기에서 끝나는 문제가 아니다. 이런 환경에서 성장한 청년들은 실제 삶에서도 중압감에 약하고 리스크를 회피하며 책임지는 역할을 꺼리는 경향을 보인다. 한 예로, 글로벌 채용 컨설팅 기업 로버트 월터스가 실시한 조사에 따르면, Z세대 직장인의 52퍼센트가 중간 관리자가 되기를 원치 않는다고 응답했으며, 16퍼센트는 중간 관리자 역할을 완전히 피하고 싶다고 밝혔다.[9] 이들이 중간 관리자를 회피하는 가장 큰 이유는 "실패했을 때 비난받는 것이 두렵다"는 것이었다. 회복탄력성이 낮은 사회는 리더가 부족한 사회다. 누군가는 앞에 서야 할 때, '책임질 용기' 대신 '책임 회피의 기술'만을 익힌 이들이 늘어날수록 우리는 집단 전체의 회복력 또한 약해진다. 요컨대, 오늘날의 과잉보호는 아이들에게서 단지 자유로운 놀이나 사소한 자율성을 빼앗는 수준이 아니다. 그것은 삶의 실전 훈련장을 통째로 제거하는 것이며, 리스크에 대처할 수 있는 내면의 근육을 키울 기회를 차단하는 일이다. 결국 그 대가는 우리 사회 전체가 떠안게 될 것이다.

재능계발중심 양육과 자연 성장형
VS 과잉보호와 정서적 방임

양육은 단지 부모의 성향이나 성격에서 비롯되는 것이 아니다. 그것은 부모가 속한 사회계층에 따라 뚜렷한 양상을 보인다. **중상층 이상의 가정에서는 미국의 사회학자 아네트 라루**Annette Lareau**의 '재능계발중점 양육' 방식을 지향하는 경향이 강하다.** 아이의 일과는 촘촘히 계획된 일정표에 따라 돌아가며, 방과 후 활동, 사교육, 체험학습 등 아이의 잠재력을 끌어올릴 수 있는 기회들이 부모의 주도로 제공된다. 이러한 양육방식은 자녀에게 자기 표현력, 협상 기술, 제도와의 익숙함 같은 이점을 제공한다. 실제로 중상층 가정의 자녀들은 교사나 기관을 상대로 자신의 요구를 당당하게 표현하고 자신이 처한 환경을 능동적으로 관리하려는 태도를 보이곤 한다.

반면, 노동계층과 서민층의 양육방식은 '자연 성장형natural growth**'으로 불릴 수 있다.** 이들은 아이에게 비교적 자유로운 시간을 허용하며 일상 속에서 또래와 어울리고 스스로 놀이를 만들어가는 방식으로 자라게 한다. 부모는 명확한 규율과 권위의 관계를 중시하지만 동시에 자녀가 세상의 흐름에 따라 성장하길 바란다. 여기에는 자녀의 개입보다는 환경의 작용을 더 크게 보는 관점이 배어 있다.

그렇다고 해서 한쪽이 절대적으로 우월하다고 보기는 어렵다. 오히려 각 방식은 계층 내 자원과 환경에 따른 선택이며, 아이들이 마주하는 세계에 대한 부모의 전략이다. 하지만 문제는 중상층의 계획된 성장이 과도하게 통제적이고 개입적인 방향으로 흐를 때다. 특히 헬리콥터 부모, 편집증적 양육으로 이어지는 경우 아이는 스스로 결정하고 책임지는 능력을 기르지 못하고 정답과 보호만을 바라는 수동적 태도를 익히게 된다. 대학에 진학한 후에도 진로 선택이나 인간관계, 실패의 경험 앞에서 주도적인 태도를 보이지 못하고 위축되는 경우가 드물지 않다. 아이러니하게도 많은 기회를 가진 아이가 정작 불확실성 앞에서는 더 쉽게 무너지는 것이다.

반대로 빈곤 계층 출신 아이들은 종종 더 혹독한 현실을 일찍 경험한다. 학업, 가족, 경제적 문제 등 여러 역경을 겪으며 자란다. 그로 인해 성취와 독립성을 일찍 추구하지만 이러한 환경은 동시에 높은 수준의 스트레스와 만성적 불안을 초래한다. 아이들이 위기를 성장의 기회로 바꾸기 위해서는 단순한 경험보다 정서적 안전기지가 절실하다. 다시 말해, 따뜻한 어른, 지지적인 관계망이 있어야만 회복탄력성이 형성된다.

다수의 연구에 따르면, 저소득층 아동이 회복탄력성이 높은 경우는 '자신을 믿어주는 어른'이 주변에 존재할 때 나타난다. 반면, 경제적 · 정서적 자원 모두 부족한 상태에서 방임 혹은 과도한 통제가 병행될 경우 그 피해는 쉽게 회복되지 않는다.

결국, **회복탄력성은 자원을 얼마만큼 갖고 있느냐보다 그것을 어떻게 경험하고 해석하느냐에 따라 결정된다.** 상위계층의 과잉보호나 하위계층의 정서적 방임 모두, 아이를 취약하게 만들 수 있다. 중요한 것은 계층을 막론하고 아이가 실패할 수 있는 공간과 그것을 딛고 다시 일어설 수 있는 정서적 지지망을 갖추는 일이다.

요즘 세대는 왜 경쟁을 싫어할까?

퀴즈로 시작해 보자. 다음 네 가지 선택지 중 당신이 가장 공정한 분배라고 생각하는 하나를 골라보시기 바란다.

① 필요성 분배
② 실적에 따른 분배
③ 평등 분배
④ 노력에 따른 분배

선택지에 앞서 해석을 조금 덧붙이겠다. ① 필요성 분배는 각 개인이 필요로 하는 만큼 자원을 분배하는 방식이고, ② 실적에 따른 분배는 개인의 성과, 결과물에 따라 보상을 차등 분배하는 방식이다. ③ 평등 분배는 모든 사람에게 동일하게 자원을 분배하는 방식이며, ④ 노력에 따른 분배는 투입한 시간이나 수고를 기준으로 개인이 들인 노력의 정도에 따라 자원을 분배하는 방식을 말한다. 해당 퀴즈를 국내 남녀 성인을 대상으로 조사한 결과는 다음과 같다.

① 필요성 분배 : 10.2퍼센트

② 실적에 따른 분배 : 52.4퍼센트

③ 평등 분배 : 7.1퍼센트

④ 노력에 따른 분배 : 30.3퍼센트

어떤가? 당신이 원하는 대로 결과가 나왔는가? '② 실적에 따른 분배'가 과반수를 차지하는 것으로 나타났다. 이 결과의 배경에는 많은 사람들이 '공정함'을 결과 중심의 보상에서 찾기 때문이다. 한국 사회는 오랫동안 성과 중심, 경쟁 중심의 교육과 직장 문화를 유지해 왔다. 입시, 취업, 승진 등 인생의 주요 기회들이 대부분 결과로 평가되며 결정되어 왔기 때문에 사람들은 자연스럽게 '성과가 곧 공정'이라는 사고방식을 당연하게 받아들인다. "더 잘한 사람이 더 많이 가져가는 게 맞다."는 관념은 특히 중장년층에게 강하게 자리 잡고 있다.

당연한 얘기를 하자는 것이 아니다. 이제부터가 본론이다. 해당 조사를 20대 대학생을 대상으로 하면 결과는 어떻게 나올까? 2025년 3월부터 5월 사이에 수도권 소재 대학생 2,000명을 대상으로 조사한 결과는 다음과 같다.

① 필요성 분배 : 6.2퍼센트

② 실적에 따른 분배 : 18.4퍼센트

③ 평등 분배 : 52.9퍼센트

④ 노력에 따른 분배 : 22.5퍼센트

조사 결과를 본 필자 역시 깜짝 놀랐다. 성인을 대상으로 조사했을 때와 비교해서 약간의 차이는 있을 수 있다고 생각했는데 의외의 결과가 나온 것이다. ③ 평등 분배의 분배가 실적에 따른 분배를 제치고 과반수 이상을 차지한 것이다.

경쟁이 싫은 세대, 평등을 꿈꾼다?

성인의 절반 이상이 실적을 기준으로 하는 분배가 가장 공정하다고 본 반면, 대학생들은 이를 가장 낮은 선택지로 밀어냈다. 왜 이토록 극단적인 차이가 발생한 것일까? 이 조사는 단순히 분배 기준의 선호도를 묻는 것이 아니다. 그 이면에는 세대 간의 세계관 차이, 그리고 '공정성'이라는 개념 자체의 전환이 담겨 있다.

기성세대가 살아온 세상의 공정함이란 성과에 비례하는 보상이었고, 그 성과는 노력과 능력으로 이뤄낸 결과였다. 이들에게는 다음과 같은 사고방식이 내면화되어 있다. "경쟁은 피할 수 없는 것이고, 그 속에서 살아남아야 한다.", "더 잘하면 더 가져가는 건 당연하지 않나?", "차이를 인정해야 내가 살고 조직이 산다." 그들에게 평등 분배는 게으른 자와 노력한 자를 동일선상에 놓는 것, 즉 노력과 책임의 붕괴로 받아들여졌다. 따라서 평등은 '정의'가 아니라 '비효율'이며,

때로는 '도덕적 해이'를 부추기는 위험 요소였다. 이러한 가치관은 한국 사회가 경험한 산업화, 경쟁적 교육 제도, 취업 시장의 구조와 맞물려 오랫동안 작동해왔다. 고등학교에서 수능으로 대학을 가고, 대학에선 스펙으로 줄 세워지며, 기업에선 실적으로 성과 평가받는 일련의 구조는 모두 이 사고의 반영이었다. 공정이란 말은 기회의 평등을 전제로 성과를 나누는 구조로 이해되었고, 이는 경제 성장과 함께 비교적 널리 받아들여졌다. 성공은 능력의 증명이고, 보상은 그것에 대한 정당한 반응이라는 인식은 오랫동안 사회적 상식이었다.

그러나 지금의 20대는 다르다. 그들은 결과보다는 시작점의 차이, 즉 경쟁에 들어서기 이전의 불평등에 주목할 수밖에 없다. "나는 부모의 돈줄, 인맥도 없어", "사교육도 제대로 못 받았고, 스펙 쌓을 기회도 공정하지 않아", ""내가 아무리 열심히 해도 그들을 이길 수 없어, 그들은 압도적인 환경에서 시작했으니까." 이들은 성과의 결과가 정의로운 보상이 아니라, 사회 구조와 운, 환경의 복합물이라고 느낀다. 경쟁 자체가 공정하지 않다면 그 결과도 공정할 수 없다는 생각이다.

실제로 20대는 "내가 노력해서 얻은 결과다"라는 말보다, "운이 좋았던 거야"라는 말을 더 자연스럽게 한다. 이는 겸손의 표현이 아니라 현실 인식에서 비롯된 감정이다. 내가 잘했다는 확신보다 구조 속의 우연 덕분에 살아남았다는 감각이 강하게 자리 잡고 있는 것이다.

횡렬주의의 부상

나는 과거 기업에서 HR 업무를 수행할 때 '모티베이션 갭motivation gap'을 연구한 적이 있다. 많은 관리자들이 'CEO 표창', '우수사원 시상' 등의 내부 포상 제도가 조직 분위기를 북돋우고 직원들의 사기를 높일 것이라고 기대한다. 그러나 실제로는 해당 표창을 받은 직원의 기쁨은 잠시일 뿐 진심으로 기뻐하지 않고 왠지 더 초조하고 남들 눈이 신경이 더 쓰이게 된다. 주변 동료들조차 무심하거나 심지어 부정적인 반응을 보인다.

왜 이런 일이 벌어질까? **요즘 세대는 강한 횡렬주의**橫列主義**를 갖고 있다. 이들은 수직적인 위계보다는 '같은 선상에 있는 관계'를 더 선호하고, 공정함의 정의 역시 '균등함'에 가깝다.** 이러한 세계관 속에서 어떤 누군가가 단독으로 상을 받거나 인정받는 일은 곧 집단 내 위화감을 만든다. "쟤만 뽑혔네?"라는 시선이 표창받은 당사자에게는 외로움과 부담을 주고, 나머지 직원들에게는 배제된 느낌과 상실감을 준다. 때문에 표창을 받은 직원은 장기적으로 모티베이션이 올라가기는커녕 내려갈 가능성이 높다.

성과에 대한 보상이 집단의 균형을 깨뜨린다?

이처럼 보상은 겉으로는 명예이지만 요즘 세대의 심리 구조에서는 집단의 흐름을 어지럽히는 노이즈로 받아들여지기도 한다. 특히나 평등 분배를 가장 공정하다고 느끼는 요즘 세대에게는 "누군가만이 특별한 보상을 받는 구조"는 곧 "누군가만이 더 많은 관심을 받는 불균형"으로 보인다.

이는 앞서 살펴본 20대 대학생을 대상으로 한 분배 기준 조사 결과와도 일치한다. 평등 분배를 선호한 비율이 52.9퍼센트로, 실적에 따른 분배를 압도적으로 앞섰다. 20대는 단지 성과만으로 보상이 이루어지는 것을 불편하게 여긴다. 왜냐하면 그들은 결과보다 과정의 불평등에 민감하게 반응하기 때문이다. 이처럼 모티베이션 갭은 '공정'이 아니라 '운 좋은 사람에게 더 주는 시스템'으로 인식된다. 이런 인식하에서는 보상이 동기부여가 아니라 분열의 씨앗이 된다.

기성세대는 조직의 조화보다는 개인의 성취에 더 큰 가치를 두고 자라온 세대다. 이들은 출세를 목표로 삼았고, 그 과정에서 경쟁은 피할 수 없는 당연한 전제였다. "실력을 보여줘야 살아남는다", "이겨야 앞서간다", "성과는 곧 생존이다"라는 말이 전혀 낯설지 않았던 시대였다. 하지만 요즘 세대는 개인의 성취보다 '조화'와 '관계의 온도'를 우선시하는 경향이 뚜렷하다. 이는 단순히 협업을 선호한다는 수준을 넘어, 혼자 튀는 사람에 대한 정서적 민감함으로 나타난다. 실제로 많은 요즘 세대의 직장인들은 누군가가 표창을 받는 장면에서 "우와, 잘했네!"보다 "어? 쟤만?"이라는 반응을 먼저 보인다.

이때의 감정은 그 사람이 상을 받을 자격이 없다는 것이 아니다. 대부분 동료들도 그가 열심히 일했고 성과를 낸 것을 알고 있다. 그러나 그럼에도 불구하고 "왜 재 혼자 받지?", "같이 했는데 왜 한 명만?"이라는 의문이 생긴다. 이 감정은 '성과를 인정하지 않겠다'는 저항이 아니라, 집단의 균형이 깨졌다는 신호에 가깝다. 즉 정서적 허용선이 무너지는 것이다.

이번 챕터의 제목은 "요즘 세대는 왜 경쟁을 싫어할까?"이다. 그들이 정말로 회피하는 것은 경쟁이 아니라, 그 경쟁이 시작되기 전부터 이미 기울어져 있는 게임의 판이다. 이제는 질문을 이렇게 바꿔야 한다. "그들이 말하는 공정은 무엇인가?"

이런 인식이 경쟁 회피로 보일 수도 있다. 하지만 정확히 말하면 그들은 관계의 파괴를 동반하는 경쟁을 원하지 않을 뿐이다. 즉 "리더=경쟁의 승자"라는 프레임이 싫은 것이다. 그들에게 **공정은 성과의 줄세움이 아니라, 서로가 밀어내지 않고도 함께 설 수 있는 구조다. 그래서 '리더가 된다는 것=모두와 같은 선을 벗어나는 것'이라는 부담이 리더 포비아를 낳는 것이다.**

리더를 두려워하는 시대,
리더가 될 수 없는 시대

"리더를 두려워하는 시대, 리더가 될 수 없는 시대"

– 테리 켈리 –

주목은 곧 표적이다

조용한 회의실. 팀장이 "이번 프로젝트, 자원할 사람?"이라고 말하는 순간, 사람들의 시선은 책상 아래로 떨어진다. 아무도 눈을 마주치지 않으려 한다. 심지어 숨소리마저 조심스럽다. 이 순간은 단순히 귀찮아서 몸을 사리는 게 아니다. 많은 사람들은 눈에 띄는 순간, 책임과 부담이 쏟아질 것이라는 두려움을 안고 있다. 이러한 태도는 리더 포비아의 주요한 양상 중 하나인 '튀지 않으려는 심리'로 이어진다.

과거에는 기회를 잡기 위해 경쟁하고 주목받는 것을 기회로 여기는 문화가 강했다. 하지만 오늘날의 젊은 세대는 주목은 곧 리스크라는 인식을 갖고 있다. 눈에 띄는 순간, 기대치가 높아지고 실수에 대한 용납은 줄어든다. 잘하면 '그럴 줄 알았어'라고 무심히 지나가지만, 못하면 '왜 자기가 하겠다고 나섰지?'라는 차가운 시선으로 돌아온다. 이러한 경험이 반복될수록 사람들은 안전지대를 찾는다. 그 안전지대가 바로 '튀지 않음'이다.

오늘날 조직 내 인간관계는 함께하는 팀이라기보다는 서로를 지켜보는 관중에 가깝다. 개인의 성과는 실시간으로 공유되고 작은 말실수도 캡처되어 회자된다. 이처럼 조직 내부의 시선이 지나치게 민감하고 평가적일 때 사람들은 자발적으로 자신을 숨기기 시작한다.

튀지 않기 위한 전략은 다양하다. 발언을 최소화하거나 결정적인 순간에 살짝 빠지거나 성공해도 겸손하게 포장한다. 중요한 건 의도적으로 자신을 축소시키는 방식이 이제는 일종의 생존 전략이 되었다는 점이다. 이런 현상은 리더 포비아와 직접 연결된다. 리더가 된다는 것은 앞에 나서는 일이며, 앞에 나선다는 것은 타인의 평가에 가장 먼저 노출되는 자리이기 때문이다.

협력보다 부담으로 각인된 팀 프로젝트

여기에 더해, 요즘 세대는 게임처럼 명확한 승패가 결정되지 않는 세상에서도 자신의 시간과 노력이 세부적으로 평가받는 환경에 익숙하다. 그 대표적인 사례가 초등학교부터 대학에 이르기까지 반복되는 팀 프로젝트 문화다.

팀 프로젝트는 원래 학생 간 토론 문화를 활성화하고 다양한 관점을 통해 문제를 해결하는 능력을 키우기 위해 도입됐다. 학생 각자가 독립적으로 과제를 수행하는 것도 중요하지만 집단지성을 발휘해 최선의 해답을 찾아가는 경험은 향후 조직 생활에서도 중요한 자산이 될 것으로 기대되었다. 협업, 커뮤니케이션, 창의적 문제해결력 같은 핵심 역량을 기르는 교육적 취지였다.

하지만 실제로 학창 시절에 팀 프로젝트를 경험한 세대에게 이 제도는 '협력'보다 '부담'이라는 좋지 않은 기억으로 더 깊이 각인되어 있다. 과제에 적극적이지 않은 학생들은 무임승차를 노리고 성적이 절실한 학생들은 팀의 성과를 거의 혼자 책임지는 상황이 빈번히 발생했다. **이른바 '일하는 한 사람'과 '숟가락 없는 다수'의 구조가 반복되면서 팀 프로젝트는 협동심을 기르는 훈련이 아니라 '열심히 하는 사람이 손해 보는 시스템'으로 인식되었다.** 이런 현실 때문에 수강신청 시즌이 되면 팀 프로젝트가 있는 과목은 자연스럽게 기피 대상이 되고 학생들 사이에서는 "팀플(팀 프로젝트)은 운이다", "팀플은 고난이다"라는 자조 섞인 농담이 퍼지게 되었다. 특히 이 과정에서 리더 역할을 맡는 경험은 더욱 뼈아픈 좌절감을 남긴다.

다음 그림은 팀 프로젝트를 통해 마주한 세대의 좌절과 냉소를 생생하게 보여준다. 우리는 일반적으로 리더십을 설명할 때 보스와 리더를 대비시킨다. 보스는 명령만 하고 책임은 지지 않는 사람, 리더는 솔선수범하며 팀을 이끄는 사람으로 그려진다. 하지만 팀 프로젝트의 현실은 이 이상적인 구분이 무너진다. 팀 프로젝트 속 리더는 보스처럼 편한 자리에 앉아 명령을 내리는 것이 아니라 오히려 진정한 리더가 되어 앞장서서 고된 일을 도맡는다. 문제는 그럼에도 불구하고 팀원들이 따라오지 않는다는 점이다. 수레를 함께 끌어야 할 팀원들은 오히려 수레 위에 올라타 편히 앉아있고, 심지어 그 자리에서 리더에게 조언과 지시를 보내는 아이러니가 벌어진다.

보스와 리더의 차이　　　　　　팀 프로젝트 리더

　이러한 경험은 중요한 교훈을 남긴다. 솔선수범은 반드시 존중받
거나 보상받지 않는다는 사실, 오히려 성실성과 리더가 이용당할 수
있다는 씁쓸한 현실이다. 그래서 많은 학생들은 리더가 되는 것보다
조용히 있는 것을 선택하게 된다. 누군가 앞장서기를 기대할 때, 한
발 물러서며 책임을 피하려 하고, '괜히 나섰다 욕먹지 말자'는 생각
을 점점 내면화한다.

　이렇게 학창 시절 팀 프로젝트라는 작은 사회 속에서 체득한 리
더 회피 경험은 성인이 되어 사회에 진출한 이후에도 깊은 흔적을
남긴다. 조직에서도 사람들은 리더가 되는 것을 기회로 보지 않는
다. 리더는 책임은 무겁지만 권한은 제한적이며 성공해도 당연한 것
으로 치부되지만, 실패하면 모든 비난을 혼자 감당해야 한다. 리더
십은 희생과 감정노동을 수반하는 위험한 자리로 인식된다. 결국 팀

76　리더 포비아 *Leader Phobia*

프로젝트를 통해 무의식 속에 자리 잡은 이 학습은 리더 포비아라는 이름으로 이어지고, 세대 전체의 심리적 경향으로 확산된다.

튀면 다친다

요즘 젊은 세대들이 널리 쓰는 SNS는 인스타그램, X(트위터), 틱톡, 페이스북 정도일 거다. 그 가운데 페이스북은 이용자의 고령화가 가장 많이 진행되고 있고, X는 탄생이 빨랐던 것치고는 젊은 세대를 포함한 모든 세대에게 받아들이고 있다. 그런데 여기서 착안점은 왜 젊은 세대들이 페이스북 사용을 꺼리는 걸까? 이는 단순한 플랫폼의 노후화나 UI의 문제만은 아니다. 실명 기반의 구조 자체가 그들에게는 위협처럼 느껴지기 때문이다.

페이스북은 실명을 중심으로 한 관계망이 형성되며 가족·친지·직장 동료 등 오프라인 관계가 온라인으로 그대로 연결된다. 어떤 게시물도 익명의 뒤에 숨길 수 없고 내 말과 행동은 곧 나의 전체 이미지로 환원된다. 한 20대 사용자는 이렇게 말한다. "나의 실체가 온전히 드러나는 것 같아 올리는 게 조심스러워요. 그래서 페북은 그냥 눈팅용이에요. 글은 안 써요."

반면, 틱톡, 인스타그램, X 등은 선택적으로 가면을 쓸 수 있다. 실명 대신 의도된 정체성이나 캐릭터 기반 페르소나를 구축할 수 있고, 그것이 오히려 더 사회적으로 안전하다고 생각한다. 특히 틱톡은 '짧고 가벼운 콘텐츠', '일회성 노출', '낙인 없는 빠른 흐름'이라는 특성 덕분에 젊은 세대에게 심리적 안전지대를 구축한다. 주목은 받되 익명성은 보장된다. 이 구조가 안전하게 튀는 방법을 만들어주는 셈이다.

흥미롭게도 일본 유학생들 사이에선 SNS에 사진을 올릴 때 가장 중요하게 여기는 기준이 '함께 찍힌 사람들이 모두 괜찮게 나왔는가'라는 것이다. 이들은 절대 자신만 잘 나온 사진은 절대 올리지 않는다. 수십 장의 사진 중에서 자신이 제일 잘 나온 컷이 있어도 함께 있는 친구가 인상 찌푸리거나 흐리게 나왔다면 선택되지 않는다. 오히려 모두가 무난하게 나온 사진을 고른다는 점에서 나만 튀기보다 조화와 사회적 균형을 중시하는 심리를 엿볼 수 있다. **SNS가 개인적 과시의 공간인 동시에 평판이 실시간으로 만들어지는 공개 공간이 되면서, 젊은 세대는 더욱 전략적으로 '무난한 나'를 설계한다.**

지난 2025년 상반기 SNS에서는 '지브리 프사' 트렌드가 열풍을 일으켰다. 스튜디오 지브리의 캐릭터나 배경 이미지로 프로필 사진을 바꾸는 것이 유행처럼 번지면서 X, 인스타그램, 카카오톡까지 그 분위기가 확산되었다. 데이터 플랫폼 기업 아이지에이웍스의 모바일인덱스에 따르면, 2025년 3월 27일 기준 챗GPT의 국내 일간 활성 이용자 수DAU는 125만 2925명으로 집계되며 사상 최고치를 기록했다. 이는 3월 10일 처음으로 100만 명을 돌파한 이후 불과 2주 만에 새롭게 경신된 수치다. 한 달 전인 3월 1일 기준 DAU는 약 79만

9571명으로, 한 달 사이 급격한 증가세를 보였다.

단순히 귀엽거나 감성적이라는 이유만으로 트렌드가 된 것이 아니다. 지브리 프사 열풍은 일종의 '감성 위장'이자 익명 브랜딩이다. 실명과 얼굴 대신 캐릭터 이미지나 애니메이션 배경을 통해 자아를 우회적으로 표현한다. 과시는 하되, 익명의 포장지를 입혀 안전하게 드러내는 것이다. 이런 방식은 '튀지 않기' 전략의 연장선에 있다.

익명 보장이 참여를 유도한다

요즘 대학생들은 아침 9시에 시작하는 1교시에 비교적 성실히 출석하는 편이다. 하지만 이 출석률이 그들의 학구열이나 자기주도성 덕분이라고 보기엔 어렵다. 단순히 열정이 넘쳐서도, 수업료가 아까워서도, 심지어 교수의 학점 경고 때문도 아니다. 그렇다면 왜일까? 그 이유는 의외로 단순하다. 바로 수업에 빠지면 괜히 주목받는 것에 대한 두려움 때문이다.

요즘 대학생들에게 지각이나 결석은 단순한 시간 관리 실패가 아니라 집단 속에서 불균형을 만들어내는 행위로 받아들여진다. 출석하지 않으면 교수님이 "어디 갔지?"하고 찾을 수도 있고, 조별과제를 같이 하는 친구들이 "쟤 오늘 왜 안 왔대?"라고 말할 수도 있다. 그 짧은 질문이 나에 대한 특별한 관심사가 생기는 계기가 된다. 따라서 이들은 수업에 성실히 참석하는 것으로 자신을 보호한다. 딱히 열정적인 태도로 수업에 임하는 것도 아니지만 빠지는 것도 아니다. 다수 속에 섞여 있음으로써 자신이 안전한 평균값에 있음을 증명하는 것이다. 이러한 행위는 튀지 않고 불필요한 인상도 남기지 않고 평균적인 존재로 남는 것이 오히려 안정감을 준다.

이러한 심리는 단순한 출석에만 그치지 않는다. 강의실 내 발언과 참여의 방식에도 그대로 반영된다. 교수가 질문을 던졌을 때 여기저기 손이 올라가는 열혈 교실은 이제 거의 유치원에서나 볼 수 있는 풍경이 되었다. 대학 강의실에서는 손을 드는 것 자체가 튀는 행동으로 간주된다. "저 친구는 왜 저렇게 나서는 거지?", "괜히 유난 떨고 싶어 하나?"라는 묘한 시선이 따라붙기 때문이다. 학생들은 심지어 답을 알고 있어도 표현하지 않는다.

그렇다면 이 시대에 참여하는 교실을 만드는 건 불가능한 일일까? 방법은 있다. 익명화다. 그 비법은 이런 식이다. 교수는 강의 중 개별적으로 질문하거나 지목하는 대신, 스마트폰 애플리케이션을 통해 질문하거나 의견을 제출하도록 유도한다. 학생들은 실명 대신 닉네임으로 참여할 수 있고 질문과 의견은 강의실의 스크린에 실시간으로 띄워진다.

이 시스템의 핵심은 익명성의 보장이다. 누가 말했는지 알 수 없기 때문에 평소라면 꺼냈을 법한 의견이나 질문도 마음 놓고 올릴 수 있다. 이렇게 되면 상황은 달라진다. 질문과 의견이 쉴 새 없이 쏟아진다. 어떤 때는 반응이 너무 많아 교수조차 눈으로 모두 따라잡기 어려울 정도다. 이 활발한 참여는 단순히 기술의 힘 때문이 아니다. 학생들이 이미 일상적으로 경험하고 있는 디지털 문화, 즉 SNS 댓글창과 실시간 스트리밍 채팅의 문화와 맞닿아 있기 때문이다. 이러한 풍경은 유튜브 영상에 댓글을 달고 인스타그램 스토리에 반응을 보내고 X에 짧은 의견을 남기는 데 익숙한 세대에게는 매우 자연스럽다. 말을 해야 참여인 시대에서, 글로 반응을 남기는 것이 더 익숙한 세대로 넘어온 것이다.

요즘 대학생들은 스스로를 드러내는 것에 점점 더 신중해지고 있다. 하지만 그 신중함이 곧 침묵이나 무관심으로 이어지는 것은 아니다. 표현의 방식이 달라졌을 뿐이다. 말이 아니라 글로, 실명이 아니라 닉네임으로, 고립된 발언이 아니라 집단 속에서 흘러가는 의견의 형태로 변형된 것이다. 그리고 이 새로운 형태의 표현은 익명성을 발판으로 삼을 때 더욱 빛을 발한다. **튀지 않되 존재감을 지키고 싶은 세대. 이들에게 익명 기반의 참여 시스템은 단순한 기술 도구가 아닌 심리적 안전장치이자, 표현의 마중물이 된다.**

칭찬은 고래를 숨게 한다?

그런데 조심해야 할 것이 있다. 바로 참여를 잘한 학생에게 공개적으로 칭찬하지 말아야 한다. 이 말에 고개를 갸웃할 수도 있다. "칭찬은 고래도 춤추게 한다면서요?", "잘한 걸 인정해주는 건 당연한 교육 방식 아닌가요?" 맞는 말이다. 다만 그건 10년 전 이야기다.

얼마 전 내가 대학 학부생을 대상으로 특강을 진행하면서 겪은 일이다. 수업 중 한 학생이 아주 인상 깊은 질문을 던졌기에 나는 "좋은 질문이에요. 정말 깊이 있게 고민한 흔적이 느껴지네요."라고 말했다. 강의실 안이 잠시 조용해졌고, 그 학생은 쑥스러운 미소를 지었다. 그런데 수업이 끝나고 그 학생이 나를 찾아와 이렇게 말했다. "교수님, 제발 모두 앞에서 칭찬하지 말아주세요." 나는 당황스러웠다. 그런데 이건 그 학생만의 반응이 아니었다. 수업에서 발언을 잘하던 다른 학생들도 공개적인 칭찬을 받은 이후 말수가 확연히 줄어들었다. 마치 '노출되었다'는 부담이 그들을 침묵하게 만든 듯했다.

이건 단순한 겸손이나 부끄러움의 문제가 아니다. 다음의 두 가지 심리적 메커니즘이 작동한다.

첫째, 공개적인 칭찬은 자신에 대한 '기대치'로 작동한다. 칭찬은 분명 기분 좋은 보상이지만 동시에 '다음에도 이 정도는 해야 한다'는 심리적 압박으로 돌아온다. 이들은 완벽하지 않은 자신이 노출되는 걸 경계하고 기대에 못 미치는 순간을 두려워한다.

둘째, 칭찬은 자신에 대한 인상을 각인시킨다. 많은 학생들이 실명 기반의 공개 활동보다 익명적인 표현을 선호하는 이유는 여기에 있다. 기억에 남는 사람이 된다는 건 곧 판단 대상이 되는 사람이 된다는 뜻이다. "어? 쟤 지난번에 잘하더니 오늘은 왜 저래?"라는 비교와 낙인이 따라올까 두려운 것이다. 물론 칭찬을 받았을 때 기쁜 마음도 있다. 하지만 그건 아주 작은 불꽃일 뿐, 더 큰 심리적 반응은 부담과 노출에 대한 저항감이다. 그래서 이들은 칭찬보다는 오히려 조용히 묻히고 싶어 하고 참여하더라도 익명적인 방식을 더 선호한다. 이런 심리를 모른 채 "잘했어요!"라고 공개적으로 칭찬하면 오히려 학생은 다음번부터 참여를 망설이게 된다. 말 한마디가 의도를 벗어나 부담으로 다가오는 것이다. 가끔은 슬쩍 건네는 메시지 하나, 수업 뒤에 보내는 메일 한 줄이 더 큰 동기를 부여한다. 지금 이 세대는 무대 위에 올려지는 것보다 조용한 연습실 한 컨에서 "이거 준비하느라 고민 많이 했어"라는 말을 듣고 싶어 한다.

'좋아요' 없인 리더도 설 수 없는 세상

리더를 맡는다는 것은 언제나 일정 수준의 노출을 감수해야 하는 일이다. 그러나 디지털 시대, 특히 소셜 미디어의 시대에 들어서면서 이러한 노출은 전례 없이 강도가 높고 영속적이다. 특히 Z세대에게 소셜 미디어는 단순한 소통의 수단을 넘어 자신이 사회 안에서 어떤 위치에 있는지를 끊임없이 확인받는 공개 무대가 되었다.

'좋아요', '리트윗', '공유하기' 같은 피드백 시스템은 단순한 상호작용의 수단이 아니라 사회적 지위의 공개적인 지표가 되어버렸다. 누군가의 게시글이 수많은 반응을 이끌어내면 그 사람은 인정받는 사람이 되고, 그렇지 못하면 마치 거절당한 사람이 되는 것처럼 느껴진다. 특히 리더의 위치에 있거나 어떤 의견을 선도하려는 사람일수록 이러한 반응의 유무는 개인적인 자존감에 영향을 주는 수준을 넘어서 공개적으로 거절당한 듯한 수치심으로 이어지기도 한다.

한 어머니는 딸이 인스타그램에 새 글을 올린 뒤 다른 사람들이 자신의 글에도 반응해주길 바라는 마음에 거의 강박적으로 타인의 게시물에 '좋아요'를 눌러대는 모습을 보며 안타까움을 느꼈다고 한다. 이것은 단지 SNS 중독이나 관심병의 문제가 아니다. 오늘날의 젊은 세대가 얼마나 사회적 승인에 예민한지, 그리고 그 승인 여부가 얼마나 공개적으로 검증되는지를 보여주는 단면이다.

이러한 환경에서 누군가의 앞에 서서 목소리를 내는 일, 즉 리더나 관리자가 된다는 것은 더더욱 부담스러운 일이 된다. 리더십의 발화는 의견 제시와 방향의 안내를 포함한다. 그러나 그 모든 발화는 이제 단지 조직 안의 일이 아니라 소셜 미디어라는 공개 무대에까지 영향을 미친다. '좋아요'의 수가 적은 리더의 의견은 그 자체로 '인기 없는 관리자'라는 낙인이 될 수 있다

이러한 이유로 요즘 세대는 리더가 되는 일에 대해 과거 어느 세대보다도 더 강한 불안과 회피 반응을 보인다. 그리고 우하향 시대를 버텨내야 하는 리더의 자리는 더 이상 영광의 상징이 아니라 부담과 책임의 상징으로 다가온다. 실제로 많은 청년들은 SNS에 게시할 완벽한 사진을 만들기 위해 오히려 여행이나 모임 그 자체를 즐기지 못한다. 리더가 되기 위해 올라서야 하는 그 무대 역시 비슷한 방식으로 경험된다. 누군가의 기대에 부응하지 못하거나 반응을 끌어내지 못할까봐 리더가 되는 것 자체를 포기하는 것이다. 공개적으로 실패할지도 모른다는 두려움이 리더십에 대한 접근 자체를 가로막는 것이다.

자기 이미지 관리에 질리다

　젊은 세대라고 리더나 관리자가 되고 싶지 않은 것은 아니다. 오히려 많은 청년들은 리더십에 대한 강한 욕망을 가지고 있다. 학교나 동아리, 소규모 프로젝트 안에서도 '리더'라는 타이틀은 여전히 중요한 사회적 위치로 여겨진다. 문제는 그 리더십이 작동하는 방식, 그리고 리더가 되기 위해 감수해야 할 위험의 양상이 과거와 전혀 다르다는 데 있다.

　소셜 미디어는 단순히 정보를 공유하는 도구가 아니다. 그것은 사회적 비교의 무대이며 비교의 강도와 속도, 파급력 면에서 완전히 새로운 시대를 열었다. 특히 젊은 세대는 자기 정체성과 목소리, 도덕적 판단 능력을 형성해가는 결정적인 성장기에 거의 항상 온라인 상태에 머물고 있다. 이로 인해 그들의 자아 형성 과정은 필연적으로 소셜 미디어의 영향을 깊이 받을 수밖에 없다. 하버드 비즈니스 스쿨의 쇼사나 주보프Shoshana Zuboff 명예교수는 이를 두고 "소셜 미디어를 통한 사회적 비교가 불러온 심리적 쓰나미는 가히 유례를 찾아보기 어렵다"고 말했다. 그 쓰나미 속에서 젊은이들은 자신의 가치를 끊임없이 외부로부터 확인받으려 하며 동시에 '아무도 나를 원하지 않을지도 모른다'는 공포에 시달린다. 이들은 마치 자기 자신을 상품처럼 마케팅해야 하는 세계에 살고 있으며, 그 노력은 거의 멈출 수 없는 자기 브랜딩의 마라톤이다.

　이러한 맥락에서 리더와 관리자는 더 이상 순수한 조직의 책임이나 도덕적 소명의식의 문제가 아니다. 그것은 팔리는 사람이 되는 것, 인정받는 존재가 되는 것, 그리고 사회적으로 영향력 있는 포지션을 확보하는 일로 간주된다. 문제는 이 모든 과정이 공개적이고 실시간이며, 철저히 반응 중심적이라는 것이다.

실제로 많은 청년들은 리더의 자리 자체는 매력적이라 느끼지만 그 자리가 드러내야 하는 '자기 자신'의 이미지 관리에 질려버린다. 앞에 서서 말하는 것보다 어떻게 보이는지를 더 걱정한다. "저 사람은 말을 잘하지만 좋아요가 적다"는 평가 하나가 한 사람의 리더십 자질 전체를 깎아내릴 수 있는 환경 속에서 리더가 된다는 것은 개인 브랜드로서의 위험을 떠안는 일이 된다. 이러한 맥락에서 리더 포비아는 단순히 책임 회피나 무기력의 문제가 아니다. 그것은 리더십이 감당해야 할 심리적·사회적 리스크가 이전 세대보다 훨씬 증폭되었기 때문에 생겨나는 정서적 방어 반응이다.

소셜 미디어가 만든 거울의 감옥

그렇다면 이 끝없는 반복되는 비교와 평가는 어디서부터 시작되었을까? 아이러니하게도, 이러한 메커니즘을 설계한 사람들조차 그것의 위험성을 이미 알고 있었다. 인스타그램 CEO 애덤 모세리Adam Mosseri는 한 인터뷰에서 찰리 브루커의 디스토피아적 SF 드라마《블랙 미러Black Mirror》의 한 에피소드에서 깊은 자극을 받았다고 고백한 바 있다.

　그 에피소드에서는 모든 인간관계가 소셜 미디어상의 평점으로 환원되는 세계가 그려진다. 주인공은 높은 평점을 받기 위해 끊임없이 미소 짓고 공손하게 행동하며, 모든 발언과 행위를 철저히 계산한다. 하지만 한 번의 실수로 점수가 하락하고 이는 연쇄적인 낙인과 배제의 결과를 불러온다. 결국 그녀는 사회적 파산 상태로 내몰리며, 현실 세계와 디지털 평판이 완전히 뒤엉킨 세상 속에서 좌절한다.

　문제는 이러한 현상이 더 이상 과장된 미래가 아니라는 점이다. 어느 세대보다 강한 도파민을 갈구하는 오늘날의 젊은 세대는 끊임없이 타인의 반응을 추적하며 살아간다. 댓글, 공유하기, 퍼가기, 좋아요, 게시물 태크 등 이 모든 디지털 행위는 사실상 '타인의 인정'을 좇는 행동으로 읽힌다. 이 정서적 피드백을 받지 못했을 때 젊은 세대는 단순한 무관심을 넘어서 공개적으로 외면당한 느낌, 혹은 존재로서의 무가치함을 경험하게 된다.

　여기서 중요한 질문이 제기된다. 우리는 정말로 "말할 가치가 있는 사람이 되고 싶은 걸까?", 아니면 "좋아요를 받을 만한 사람이 되고 싶은 걸까?" 리더십은 점점 더 후자에 가까운 방향으로 재정의되고 있다. 영향력은 해당 분야의 전문성이나 도덕성보다 호감도와 인기의 높고 낮음으로 측정된다. **결국 리더란 "대체 얼마나 반응을 끌어낼 수 있는가?"를 끊임없이 입증해야 하는 존재가 된 것이다.** 이러한 배경에서 젊은 세대가 리더가 되기를 주저하는 것은 놀라운 일이 아니다. 그들은 단지 책임을 회피하는 것이 아니다. 자신이 상품화되어 평가받는 구조에 진입하는 것 자체를 본능적으로 경계하고 있는 것이다.

업무와 행동을 넘어 이미지와 감정 리스크까지 감당하는 리더

어쩌면 겉으로 드러나는 모습에 필사적으로 신경 쓰고, 실제보다 더 나아 보이기 위해 연기하는 것은 인간의 본성일지도 모른다. 하물며 400년 전 셰익스피어조차 "온 세상이 무대"라고 하지 않았던가. 19세기 독일 철학자 프리드리히 니체는《차라투스트라는 이렇게 말했다》에서 한 소녀의 입을 빌려 이렇게 말한다. "캣아이 메이크업, 초미니 커트, 롱부츠는 내가 14세일 때 신중하게 공들여 만든 페르소나였다." 이 말은 실제 어떤 철학적 주장을 뛰어넘어 오늘날 젊은 세대가 '나'라는 존재가 하나의 상징 체계로 기획되고 연출되는 시대에 살고 있음을 보여준다.

우리는 실제로 각자의 무대 위에 서서 살아간다. 다만 그 무대는 더 이상 마을의 광장이 아니라 스마트폰 속 소셜 미디어로 옮겨졌을 뿐이다. 하루에도 수십 번씩 우리는 이 디지털 무대에 오른다. 사진을 찍고, 글을 올리고, 좋아요 수를 확인하며, 누군가의 반응을 기다리는 반복 속에서 우리는 자신을 연출하고 연기하며, 또 하나의 '디지털 아바타'로 살아간다. 이제 '있는 그대로의 나'는 점점 잊혀지고, '보여지는 나'를 얼마나 정교하게 관리하느냐가 생존의 조건이 되었다.

리더십 또한 예외는 아니다. **오늘날 리더나 관리자가 된다는 것은 단지 공동체를 이끄는 사람이 되는 것이 아니라 완벽한 이미지를 연기하고 감정을 조율하며, 끊임없이 타인의 시선을 의식하는 '퍼포머'가 되는 일에 가깝다.** 더욱이 지금은 AI가 써준 글과 이미지가 사람보다 더 설득력 있고 더 세련되며, 때로는 더 인간다워 보이기까지 하는 시대다. 이 시대의 인간 리더는 점점 더 AI처럼 매끄럽고 실수 없는 존재가 되기를 요구받는다.

그래서 요즘 젊은 세대는 '리더'라는 단어를 들을 때 실제로 조직을 이끄는 존재보다는 SNS에서 영향력을 행사하고 결점 없이 세련된 말투와 외모를 가진 인플루언서를 먼저 떠올린다. 회사생활을 앞둔 한 20대 직장인은 이렇게 말했다. "리더는 뭔가를 이끄는 사람이라기보다는 실수 없이 예쁘게 포장된 사람 같아요. 어떤 말을 해도 다르게 해석되거나 캡처돼서 퍼질 수 있으니까요."

이제 리더는 업무와 행동의 리스크를 넘어 이미지 리스크와 감정 리스크까지 짊어져야 하는 자리가 되었다. 자기소개서, 경력 요약, 포트폴리오조차 AI가 정리해주는 시대에 결과물은 더 완벽하고 설득력 있지만 그 속에 '진짜 나'는 점점 작아지고 있다. 이 괴리는 리더의 자리에서도 똑같이 나타난다. 사람들은 리더가 AI처럼 정제된 완벽한 존재이길 기대하지만 인간은 그 기대를 지속적으로 충족시킬 수 없다.

진짜 나 VS 보정된 나

결국 리더란 끊임없이 자신을 연기해야만 하는 고된 자리로 인식되기 마련이다. 리더 포비아는 여기서 비롯된다. 젊은 세대는 리더가 된다는 것이 단지 더 많은 책임을 지는 일이 아니라 자신이 상품화되어 평가받는 세계로 진입하는 일이라는 걸 본능적으로 알고 있다. 디지털 자아가 실제 자아보다 더 매력적으로 보이는 시대, 이들은 리더가 되기 위해 감당해야 할 퍼포먼스의 무게가 지나치게 크다고 느낀다.

소셜 미디어는 우리에게 '괜찮은 사람', '안심할 수 있는 사람', '이끌어도 되는 사람'으로 보이기 위한 연기를 내면화하게 만든다. 결국 우리는 진짜 나보다 '보정된 나', '팔리는 나'를 더 사랑하게 된다. 그리고 현실의 나는 그 SNS 속 나보다 언제나 부족하게 느껴진다. 리더와 관리자가 된다는 것에 대한 두려움은 바로 여기서 비롯된다. 진짜 내가 아닌, 연기된 내가 평가받는 세상에서 리더가 된다는 것은 곧 연기 실패의 리스크를 감당하는 무대에 서는 일이다.

나는 어디에도 속하지 않지만,
동시에 모든 곳에 속한다

사람은 누구나 소속감을 느끼고 싶어 한다. 단순히 누군가와 함께 있다는 것을 넘어, 어딘가에 속해 있다는 감각은 인간에게 정서적 안정과 존재의 의미를 제공한다. 이 욕구는 단지 감성적인 기호가 아니라 심리학과 신경과학에서 입증된 생물학적 본능이다.

심리학자 매슬로우는 소속과 사랑의 욕구를 인간의 기본 욕구 중 하나로 제시하며, 이는 자아실현보다 앞선, 보다 본질적인 단계로 분류했다. 인간은 배고픔을 해결한 뒤에는 자연스럽게 관계를 찾아 나선다. 그 관계는 나를 알아주고 나를 필요로 하며, 나와 함께 살아가는 공동체 속에서 형성된다.

최근의 뇌 과학 연구들도 이 같은 소속의 본능을 지지하고 있다. MIT의 실험에서는 사람이 사회적으로 고립되었을 때, 배고픔을 느낄 때와 유사한 방식으로 뇌가 반응한다는 사실이 밝혀졌다. 사회적 연결은 음식이나 물처럼 갈망의 대상이 될 수 있다. 이처럼 소속감은 인간의 생존 본능과 긴밀히 연결되어 있으며, 단절될 경우 뇌는 이를 생물학적 위협으로 받아들인다.

사회심리학에서는 '사회적 배제social exclusion'를 실제 신체적 고통처럼 경험할 수 있다는 연구도 다수 보고되었다. 캐나다의 한 연구에서는 직장에서 배척당한다고 느낄 경우, 직무 만족도는 낮아지고 건강 문제는 증가하는 경향이 확인되었다. 또 미국의 한 연구에서는 소속감 부족이 우울증 발병 가능성을 높이는 강력한 예측 요인이라는 결과가 나왔다. 결국, **소속감은 단순한 정서적 욕구의 수준을 넘어 마음과 몸 모두에 영향을 미치는 삶의 핵심 조건이라 할 수 있다.**

이처럼 오랫동안 사람들은 자신이 속한 집단을 통해 정체성을 형성해 왔다. 과거에는 개인의 고유한 특성보다는 그가 어떤 학교를 나왔는지, 어떤 지역 출신인지, 어떤 직업군에 속해 있는지가 중요했다. 이 같은 소속 집단은 한 개인의 사회적 정체성을 규정짓는 기준이자 상징으로 작용했다.

기성세대와 요즘 세대의 정체성 차이

하지만 요즘 세대는 더 이상 전통적인 집단 소속을 정체성의 핵심으로 삼지 않는다. 과거와는 달리 이제는 사회적 통념이나 외부 기준이 아닌, 스스로 설정한 가치와 선택이 나를 정의하는 기준이 된다.

그 기준은 점점 더 세밀하고 정교해지는 경향을 보인다. 예컨대, 과거에는 대학이라는 이름이 정체성의 상징이었지만 이제는 어떤 전공을 택했는지, 더 나아가 어떤 관심사와 취향을 가진 소모임에 참여하고 있는지가 그 사람을 설명하는 핵심 요소가 된다. 학과보다 세부 전공, 전공보다 취향 기반 커뮤니티가 정체성의 중심이 되는 시대다. 같은 전공자보다 같은 게임을 즐기거나 같은 취향의 음악을 듣는 사람들이 더 큰 유대감을 형성한다.

이런 변화를 비유적으로 표현하자면, 기성세대가 '굵은 소금' 같다면, 요즘 세대는 '맛소금'과 같다. 짠맛이라는 본질은 같지만 그 맛을 드러내는 방식은 완전히 다르다. 굵은 소금은 크고 투박하며 한꺼번에 많이 쓰이지만 맛소금은 정교하게 분쇄되어 더 섬세하게, 더 조밀하게 맛을 낸다. 요즘 세대의 정체성도 마찬가지다. 대략적인 소속으로 정체성이 형성되던 시대에서 이제는 하나하나의 취향과 관심, 경험이 촘촘히 쌓여 정체성을 이룬다.

이처럼 **요즘 세대는 보다 세심하게 자신을 구성하고 고유한 내면의 밀도를 높이는 방식으로 정체성을 다듬는다.** 이는 단순한 개인화가 아니라 자기 존재의 진정성과 일관성을 추구하는 문화적 흐름이다. 그들은 외부로부터의 낙인이나 프레임이 아닌 스스로 선택한 맥락 안에서 소속감을 느끼고 자아를 구축한다.

이러한 정체성 구성 방식의 변화는 소속에 대한 개념 또한 바꾸어 놓았다. 이제는 어디에 속했는가보다 어떤 관계에서 진정성을 느끼는가가 중요해졌다. 말하자면, 요즘 세대는 더 이상 집단 안에 단순히 들어가는 것이 아닌, 의미 있는 관계를 구성하는 것을 소속의 본질로 이해하고 있다.

방식과 기준이 달라졌을 뿐

기성세대는 요즘 세대가 소속감이 부족하다고 진단한다. 조직에 대한 충성심이 약하고 예전보다 공동체에 대한 책임감이 떨어진다는 인식이 깔려 있다. 실제로 많은 리더들은 요즘 세대 구성원들이 조직 내 규범에 적응하는 데 어려움을 겪고 있으며, 협업이나 소통, 친화력 측면에서도 부족하다고 느낀다. 이런 이유로 업무지시나 피드백을 주는 데 있어서도 주저하게 되며, 괜한 말 한마디에 꼰대라는 낙인이 찍힐까 우려해 아예 소통을 피하려는 경향도 나타난다.

하지만 이러한 인식은 요즘 세대에 대한 일방적이고 표면적인 오해다. 요즘 세대가 조직에 잘 적응하지 못하는 이유는 단지 이들이 수직적이고 경직된 관계 방식에 익숙하지 않기 때문이다. 이들은 공동체로부터의 단절이나 고립을 원하는 것이 아니다. 다만, 억지로 끌려들어가는 소속이 아닌 스스로 의미 있다고 여기는 공동체에 선택적으로 참여하고 싶어 하는 것이다. 소속 자체를 거부하는 것이 아니라 소속의 방식과 기준이 달라졌을 뿐이다.

실제로 여러 조사에 따르면 요즘 세대는 업무에서 소속감을 매우 중요하게 여긴다. 한 글로벌 설문조사에서는 Z세대의 93퍼센트가 "업무 중 소속감을 느끼는 것이 동기부여와 몰입의 핵심 요소"라고 답했다.[10] 이는 단순한 개인주의와는 거리가 있다. 오히려 내가 이 조직 안에서 의미 있는 존재로 받아들여지고 있는가, 내가 기여할 수 있는 자리가 있는가를 민감하게 느끼는 세대라는 방증이다.

요즘 세대가 완전한 원격근무보다는 하이브리드 근무를 선호한다는 사실도 이와 무관하지 않다. 그들은 유연한 근무 방식을 선호하면서도 조직 내 관계와 연결성에는 여전히 가치를 둔다. 실제로 Z세대의 74퍼센트는 "전면 원격근무가 동료들과의 관계 단절을 초래할 수 있다"고 우려하며, 41퍼센트는 "완전한 비대면 근무 환경에서 멘토링 기회가 줄어들까 걱정된다"고 응답했다.[11] 이는 Z세대가 혼자 일하고 싶어 한다는 오해와는 거리가 멀다. 그들은 독립적으로 일할 수 있는 자유를 원할 뿐, 공동체로부터의 단절을 바라는 것은 아니다.

요컨대 요즘 세대는 자신이 존중받고 이해받는 방식으로 조직에 소속되길 원하며 그 안에서 의미 있는 관계를 통해 배우고 성장하고자 하는 욕구가 강하다. 이들의 소속감은 더 이상 단순히 '어디에 속해 있는가'가 아니라, 그 속에서 '어떤 존재로 받아들여지는가', '얼마나 진정성 있는 관계를 맺고 있는가'라는 기준으로 측정된다.

느슨하지만 유의미한 연결의 시대

요즘 세대는 이전 세대보다 훨씬 더 관계 중심적이며 조직에서의 소속감을 정서적 연결과 의미 있는 관계 속에서 느끼길 원한다. 그런데 이와 같은 섬세한 소속의 기준은 아이러니하게도 리더 포비아로 이어지는 양상을 보인다. 리더나 관리자가 된다는 것은 여전히 누군가에게 피드백을 주고 의견을 조율하며, 관계의 책임을 짊어지는 위치로 인식되기 때문이다. 그리고 바로 이 지점에서 요즘 세대의 섬세한 소속감 추구와 리더십 회피 사이에 긴장이 발생한다.

요즘 세대에게 리더가 된다는 것은 단순히 권한을 가지는 것이 아니라 불편한 경계의 문을 넘는 일이 될 수 있다. 앞서 언급했듯, 이들은 꼰대라는 말을 극도로 경계하며, 타인에게 부정적 감정을 유발하거나 관계를 해칠 수 있는 상황을 피하려는 경향이 강하다. 그만큼 다른 사람에게 불편을 주는 것에 대한 민감도가 높고 갈등에 대한 회피 성향이 강하다.

이러한 정서적 배경은 리더십을 단순히 책임의 자리로 보는 시각이 아니라 타인의 감정을 건드릴 수 있는 위험한 자리로 인식하게 만든다. 실제로 한 직장인은 이렇게 말한다. "팀장이 되면 당연히 팀원한테 피드백도 줘야 하고 방향도 잡아줘야 하잖아요. 그런데 솔직히 잘못된 부분 말하면 삐지거나 거리감 생길까 봐 망설여져요. 내가 뭔가를 지적해서 그 사람이 불편해지면… 그냥 피하고 싶어져요." 이처럼 리더가 된다는 것은 누군가와 건강한 심리적 거리두기를 유지하기 어렵게 만드는 일처럼 느껴지고, 그만큼 관계가 틀어질 가능성을 떠안는 부담으로 작용한다. 자연스럽게 관리자는 회피의 대상이 되어간다.

이러한 흐름은 최근 사회 전반에서 나타나는 직업 선택의 변화에서도 확인된다. **최근 '넥타이부대'가 지고 '킹산직'(킹+생산직)이 뜨는 현상은 단지 처우 개선의 결과만은 아니다.** 현대·기아자동차가 생산직을 공개 채용하자 수만 명이 몰린 이유는 생산직이 정신적으로 더 여유롭고 관계적 스트레스가 적은 직무로 인식되기 때문이다. 대졸 사무직처럼 끊임없이 조율하고 피드백을 주고받아야 하는 감정노동이나 리더십 부담이 없는 점이 큰 매력으로 작용한다. 게다가 연봉이나 복지 수준도 대등하거나 오히려 높은 경우가 많아 돈도 중요하지만 덜 번거롭고 더 평화로운 관계 속에서 살고 싶다는 욕구가 직업 선택에 반영되고 있는 것이다. **결국 킹산직의 인기는 단순한 직무 선호가 아니라 리더십 회피와 관계 중심적 감수성이 만들어 낸 사회적 선택지로 볼 수 있다.**

조직에 더 깊이 소속되고 싶어 리더를 거부한다

요즘 세대는 특히 동료와의 친밀한 관계를 조직생활의 중요한 만족 요소로 삼는다. 동료와 수평적이고 따뜻한 관계를 유지하려는 경향은 '결정하는 사람', '피드백을 주는 사람', '성과를 나누는 사람'의 위치에 서는 것을 어렵게 만든다. 리더는 불가피하게 관계를 위계화시키거나 감정적 거리를 만들 수 있는 자리이기 때문이다.

이런 배경에서 리더라는 자리는 타인에게 영향력을 행사하는 동시에 소속의 안정감을 유지해야 하는 이중 과제를 안게 된다. 하지만 **소속감을 매우 중요하게 여기는 요즘 세대일수록 관계의 위태로움을 감수하면서까지 리더가 되기를 주저하게 된다.**

한 스타트업 인사 담당자는 신입 구성원 중 역량과 태도 모두 훌

룡한 인재가 있었음에도 팀 리더 제안을 거절한 사례를 이렇게 전한다. "그 친구가 이런 말을 하더라고요. '지금은 동료들이 저한테 고민도 말하고 밥도 같이 먹고 그러는데, 제가 리더가 되면 그게 깨질 것 같아요.' 그러면서 그냥 팀원으로 남겠다고 했죠."

이 사례는 요즘 세대에게 있어 리더가 되는 것이 곧 소속에서의 이탈처럼 느껴질 수 있다는 점을 보여준다. 다시 말해, 조직 안에 깊이 소속되고 싶은 욕구가 오히려 리더십을 회피하게 만드는 역설적인 현상이 벌어지고 있는 것이다.

역동적인 연결이 가능한 조립식 소속감

요즘 세대가 리더의 역할을 주저하는 또 다른 이유는 이들이 생각하는 소속의 개념 자체가 달라졌기 때문이다. 과거처럼 하나의 집단이나 관계에 깊이 뿌리내리는 방식이 아니라 다양한 공동체와 느슨하게 연결되며 유연하고 다층적인 정체성을 유지하려는 경향이 강하다. 이러한 소속 방식을 이해하는 키워드가 바로 '조립식 소속감'[12]이다. 이들은 특정 조직이나 한 가지 정체성에 얽매이기보다 자신의 가치와 필요에 따라 다양한 공동체에 선택적으로 소속되며 살아간다. 마치 레고 블록을 조립하듯, 자신이 원하는 관계와 활동을 조합해 자기만의 네트워크를 구축하고, 원할 경우 언제든 분해하거나 재조립할 수 있는 상태를 선호한다. 고정된 틀 안에 머무르기보다는 역동적인 연결 속에서 의미와 소속을 찾아가는 것이다.

기성세대에게 정체성과 소속은 비교적 단순하고 고정된 구조였다. 직장에서의 직책, 가족 내의 역할, 학연과 지연으로 얽힌 소모임 등이 정체성과 삶의 중심축이었다. "나는 과장이고, 부장이며, 남편이고, 아빠다"와 같은 정체성은 곧 내가 어디에 속해 있는지를 규정했다. 소속은 주어지는 것이었고, 선택의 여지는 많지 않았다.

반면, 요즘 세대는 가족, 직장, 지역 커뮤니티 등 기존의 전통적 소속 범주를 절대적인 것으로 여기지 않는다. 예컨대, 결혼을 거부하거나 유보하는 젊은 세대는 가족이라는 고정된 틀에 자신을 억지로 맞추기보다는 다양한 관계와 생활 방식을 통해 자율적인 정서적 네트워크를 구성한다.

특히, 직장에 대한 인식도 크게 달라졌다. 젊은 세대에게 직장은 이제 한 번 정하면 오래 머무는 곳이 아니다. 그들에게 직장은 자신의 커리어를 쌓고 성장할 기회를 얻으며, 더 나은 환경으로 나아가기 위한 과정 중 하나일 뿐이다. 한 조직에 뿌리내리는 안정성보다 다양한 경험을 통해 경력의 유연성과 확장성을 확보하는 것이 더 중요하다고 본다. 따라서 이직은 실패가 아닌 전략이며 조직에 머무는 이유 또한 충성보다는 성장과 자기실현에 기반한다.

소속의 방식을 스스로 정하고 싶은 요즘 세대

오늘날의 소속은 더 이상 물리적 장소나 조직명으로 고정되지 않는다. 오프라인 팀뿐 아니라 온라인 커뮤니티, 프로젝트 단위의 협업 관계, 관심 기반 네트워크 등에도 자유롭게 연결되며, 각 집단에서의 소속감의 강도도 자율적으로 조절한다. 예컨대 어떤 집단에서는 정서적 친밀감을 우선시하고 다른 집단에서는 전문성과 생산성 중심의 관계를 맺는 식이다. 소속의 방식이 분산되고 다층화된 시대, 이들은 하나의 정체성만으로 자신을 설명하지 않는다.

바로 이런 조립식 소속의 세계관은 리더라는 단일하고 고정된 역할을 더욱 부담스럽게 만든다. 특정 역할을 오래 수행하는 것, 한 사람에게 과도한 책임이 집중되는 것, 명확한 위계를 전제로 한 관계는 이들의 감각과 맞지 않는다. 이들은 리더십 역시 유연하게 순환되거나 과업과 상황에 따라 자연스럽게 분산되기를 기대한다. 역할이 '고정된 것'이 아닌 '선택되고 조율되는 것'이어야 한다는 인식이 강하다.

이처럼 **요즘 세대는 개별적이면서도 공동체적이며 고립을 원하지 않지만 소속의 방식을 스스로 결정하고 싶어 한다. 단일 소속에 정체성을 온전히 의탁하기보다는 다양한 소속을 조립하며 균형을 맞추는 방식으로 자신만의 삶을 설계한다.** 그 결과, 리더십 또한 강요되기보다 선택되어야 할 것이 되고, 관계의 질과 안전성이 확보되지 않는 소속감은 곧 리더 포비아로 이어지는 딜레마를 낳게 된다.

수틀리면 냅다 빠꾸

"모든 것은 나에게 최적화되어야 한다." Z세대가 자라온 세상은 이전 세대가 경험했던 세상과는 본질적으로 다르다. 선택지는 무한히 많고 기술은 개인의 취향을 실시간으로 분석하며, 사회는 개성을 중요한 가치로 삼기 시작했다. 이러한 환경에서 자란 요즘 세대는 리더십 역시 다르게 이해한다. 미합중국 제6대 대통령 존 퀸시 아담스John Quincy Adams의 말처럼 "위대한 리더는 다른 사람을 자신의 모습으로 만들지 않는다." **Z세대가 선호하는 리더는 누군가를 따라오게 만드는 사람이 아니라 각자의 개성을 존중하고 각자가 자신의 방식으로 영향력을 발휘할 수 있도록 돕는 사람이다.** 그 결과, 요즘 세대는 보편성이나 표준에 쉽게 만족하지 않는다. 그들은 각자의 삶, 각자의 진로, 각자의 관계까지 모두 개인화되기를 원한다. 그리고 그 요구는 점점 더 정교하고 과감해지고 있다.

이를 잘 보여주는 두 편의 사례가 있다. 2022년에 방영된 tvN 드라마《우리들의 블루스》속 인물 최한수 역의 차승원의 이야기를 먼저 살펴보자. 극 중 최한수는 40대 후반을 살아가는 평범한 중년 남성으로 성실하고 책임감 있는 가장이다. 돈을 아끼려 혼자 밥해 먹고 술, 담배 안 하고 집안 살림도 잘하고 누가 봐도 선한 웃음에 포근하고 성실한 샐러리맨으로 아내와 자식 사랑이 끔찍하다. 그는 골프에 재능을 보인 딸 보람이의 꿈을 지켜주기 위해 유학을 보내고 기러기 아빠로 살아간다. 하지만 유학 생활은 예상만큼 순조롭지 않았다. 중학교 시절에 두각을 나타냈던 딸이 고등학교에 들어가면서 성적 부진과 심리적 어려움을 겪게 된 것이다. 최근에는 입스 증상까지 찾아오면서 딸은 이도 저도 못하고 힘들어하고 있다.

한편, 아버지인 최한수는 딸의 꿈을 지키기 위해 끝까지 책임을 다하려 애쓴다. 19년 전 집을 사느라 퇴직금은 이미 대부분 사용했고, 살던 아파트도 팔았지만 자금은 고갈된 상황이다. 그즈음 그는 고향인 제주도 은행지점장 자리로 발령을 받았다. 그는 퇴사하고 싶었지만 가당찮은 일이다. 최한수는 딸의 꿈을 지켜주고 싶었기에 추가 유학 자금인 2억 원을 구하기 위해 자존심을 버리고 고향 친구 은희에게까지 손을 벌리려 한다. 참고로 은희는 20년 전의 첫사랑이었다. 그때 아이에게 영상 통화가 걸려 온다. 딸은 그동안 아빠에게 숨겨놨던 마음을 털어 놓는다. "아빠… 나 골프 그만둘래, 이제 골프 하는 게 안 행복해."

오랜 시간 정성을 쏟아 키워온 자녀가 자신이 품어온 꿈을 스스로 내려놓으려 할 때, 혹은 오랫동안 애착을 가지고 다니던 직장을 그만두겠다고 말할 때 부모들은 어떤 말을 건넬 수 있을까? 이 상황에서 기성세대의 부모들은 "어떻게 노력해서 거기까지 갔는데 조금만 더 버텨봐", "세상 그 어디에도 힘들고 어렵지 않은 일은 없어", "조금만 버티면 좋은 날 올 거야" 같은 말로 어려움을 이겨내는 인내와 노력이 결국 결실을 가져온다는 믿음을 가르쳤다.

그러나 오늘날 2000년대생 자녀라면 다른 방식의 반응을 요구한다. 넷플릭스 시리즈 《폭싹 속았수다》에서는 아버지 양관식(박해준 분)이 결혼을 앞둔 딸 양금명(아이유 분)에게 이렇게 말한다. "잘할 수 있지? 수틀리면 냅다 빠꾸. 아빠한테 달려와, 알지?" 이 외에도 어린 시절 금명에게 반찬을 집어주며 "먹을 수 있겠어? 아니다 싶으면 빠꾸. 냅다 퉤해, 알지?", 학교 달리기 대회 날에는 "요이 땅 하면 가는 거야. 1등 안 해도 돼. 자빠지겠다 싶으면 빠꾸. 아빠한테 냅다 뛰어와. 아빠 뒤에 있을게"라며 항상 든든한 지원군을 자처했다.

여기서 '빠꾸'는 'Back, バック'이라는 일본어식 표현에서 유래한 단어로 주로 경상남도 지역에서 '되돌아오다', '포기하다'는 의미로 사용된다. 드라마 속 이 대사는 단순한 농담이 아니라 오늘날 부모와 자식 간 관계의 변화를 상징적으로 보여준다. 즉 "힘들면 그만둬도 괜찮아", "네가 원치 않으면 억지로 할 필요 없어", "네 선택이 가장 중요해"라는 메시지가 담겨 있다.

《우리들의 블루스》속 최한수는 헌신을 당연한 덕목으로 여기지만 《폭싹 속았수다》의 양관식은 아이의 행복을 최우선에 두며 실패나 포기를 적극적으로 지지한다. 이 두 인물상은 부모 역할에 대한 세대 인식의 근본적 변화를 상징한다. 이러한 태도는 과거 세대가 중시했던 인내와 헌신의 가치관과는 확연히 다르다. 성공이나 사회적 안정이라는 외적 기준보다 개인의 만족과 심리적 행복을 우선시하는 요즘 세대의 초개인화된 성향을 존중하는 태도라 할 수 있다.

개인주의 시작이자 한계를 보여준 X세대

오늘날 Z세대의 초개인화 성향은 시대적 단절 속에 갑자기 등장한 것이 아니다. 그 뿌리는 이미 그보다 앞선 X세대(1965~1980년생)에서부터 싹트기 시작했다. X세대는 이전 세대와는 다른 사회적 배경 속에서 성장했고, 그 결과 개인주의적 성향을 처음으로 본격화한 세대가 되었다. X세대가 어린 시절을 보낸 1970~80년대는 한국 사회가 산업화와 경제 성장을 빠르게 이루던 시기였다. 생활수준은 눈에 띄게 향상되었고 서구 문화와 글로벌 트렌드가 빠르게 유입되기 시작했다. 핵가족화가 일반화되면서 개인은 전통적 공동체의 일원이라기보다 하나의 독립된 존재로 인식되기 시작했다. 가족 안에서도 '우리'보다는 '나'의 필요와 욕구가 더 분명히 드러나는 문화가 만들어졌다.

또한 X세대는 청년기에 정치적 억압과 민주화 운동을 직접 경험한 세대이기도 하다. 이들은 권위에 순응하기보다 질문하고 비판하며 자신의 목소리를 내는 법을 배웠다. 학교, 직장, 가정 등 전통적 권위 구조에 대한 거리두기와 합리적 의심은 이들에게 자연스러운 태도가 되었다. 이는 이후 개인의 자율성과 독립성을 중시하는 가치관으로 이어졌다.

X세대의 개인주의는 다양한 문화적 표현에서도 드러난다. 1990년대 대중문화는 나답게 사는 것을 강조했다. 서태지와 아이들, 듀스 같은 아티스트들은 기존 질서에 도전하는 메시지를 통해 열렬한 지지를 받았다. 광고 문구 또한 이를 반영했다. "나를 위해, 나답게", "내가 좋아하는 것을 선택하라"는 메시지는 단순한 상품 판매를 넘어 당시 세대의 정체성을 대변했다.

직장 문화에서도 변화가 시작되었다. 이전 세대가 평생직장을 목표로 삼았다면, X세대는 조직에 무조건 충성하기보다는 내 커리어를 관리하고 더 나은 기회를 찾아 이직을 고려하는 사고방식을 가졌다.

그런데 아이러니하게도 오늘날 X세대에게서 뚜렷한 개인주의적 성향이 크게 느껴지지 않는 경우가 많다. 그 이유는 단순히 의지나 성향의 문제가 아니라 그들이 살아온 시대적 조건에 깊이 뿌리내려 있다. X세대는 분명 개인의 자유와 권리를 강조하는 감수성을 지녔지만 성인이 되어 사회에 진입했을 때 마주한 현실은 여전히 집단주의적 규범과 위계가 강하게 작동하는 구조였다. 당시 한국 사회는 경제적 성공을 위해 강한 조직 충성, 상명하복 문화, 연공서열 원칙을 요구했다. 개인의 욕구나 독창성은 종종 '이기적'이라거나 '튀는 행동'으로 비춰졌고 조직의 질서를 위협하는 것으로 간주되었다.

결국 많은 X세대는 현실과 이상 사이에서 절충을 선택할 수밖에 없었다. 내면적으로는 개인주의적 가치를 지지하면서도 외부적으로는 집단적 기대에 적응하고 체제에 순응하는 모습을 보이게 된 것이다. 이 과정은 단순한 개인의 나약함이나 진정성 부족 때문이 아니었다. 오히려 그 시대의 사회적 압력과 경제적 구조가 개인주의의 표현을 억누르는 압도적인 힘을 가졌기 때문이었다. 회사의 명령을 따르지 않으면 해고가 현실이었고 조직 내에서 튀는 행동은 인사 평가와 승진에 불이익으로 돌아왔다. 가정을 책임져야 했던 이들에게 안정적 직장은 무엇보다 중요한 생존 기반이었다. 이러한 조건 속에서 설령 개인주의적 사고를 지니고 있었더라도 이를 겉으로 드러내는 것은 큰 위험을 감수해야 하는 일이었다.

오늘날 기성세대가 다소 보수적이거나 집단주의적으로 비치는 것은 이러한 맥락을 이해해야 제대로 볼 수 있다. 겉으로는 조직에 순응하고 전통적 질서를 따르는 듯 보이지만 그들의 내면에는 여전히 '나'를 지키려는 감각이 살아 있다. 다만, 시대가 허락하지 않았을 뿐이다.

이러한 점에서 X세대는 이중적인 특징을 가진 세대라고 볼 수 있다. 개인의 자유를 갈망하면서도 집단의 틀 안에서 살아야 했던 세대. 자신만의 꿈과 생각을 품었지만 그것을 마음껏 펼치기에는 시대적 여건이 성숙하지 않았던 세대. 바로 그들의 내면에 깃든 개인주의의 씨앗이 이후 밀레니얼 세대와 Z세대로 이어지며 점차 시대와 맞물려 꽃피우기 시작한 것이다.

여전히 집단 속의 개인인 밀레니얼 세대

X세대가 집단주의의 틀 속에서 개인주의의 씨앗을 품고 있었다면 그다음 밀레니얼 세대는 그 씨앗을 조심스럽게 싹틔운 세대였다. 밀레니얼 세대는 어린 시절부터 상대적으로 풍요로운 환경에서 성장했다. 정보화가 본격적으로 시작되었고 인터넷과 모바일 기술이 확산되면서 세상과 개인이 직접 연결되기 시작했다. "모든 사람이 똑같이 살아야 한다"는 사회적 압박이 약해지고, "나는 어떤 삶을 살고 싶은가"에 대한 질문이 일상적인 고민이 되었다.

밀레니얼 세대는 더 이상 무조건적인 충성이나 희생을 당연시하지 않았다. 직장 선택에서도 연봉이나 안정성 못지않게 일과 삶의 균형을 중시했다. 회사가 나를 채용하듯, 나도 회사를 선택한다고 여겼다. 이는 곧 개인의 욕구와 가치가 집단보다 우선될 수 있다는 신호였다.

그러나 **밀레니얼 세대가 추구한 개인화는 아직 집단 속의 개인이라는 범주를 완전히 벗어나지 못했다. 조직과 공동체 속에서 개인을 존중받기를 바랐지만 여전히 어느 정도는 타인의 시선과 사회적 기준을 의식할 수밖에 없었다.** 쉽게 말해, "내가 나로 살고 싶다"는 욕구는 분명했지만 그것이 집단과 갈등할 때는 절충하거나 조율하려는 태도가 남아 있었다.

개인 맞춤형 경험을 요구하는 Z세대

하지만 Z세대는 다르다. 그들은 태어날 때부터 초고속 인터넷, 스마트폰, 소셜 미디어가 일상인 환경에서 성장했다. 세상은 이미 무한 선택지와 실시간 맞춤화가 당연한 곳이었다. 유튜브 알고리즘은 취향을 분석해 원하는 영상을 선별해주었고, 온라인 쇼핑몰은 개인별 추천 상품을 제공했다. 소셜 미디어는 자신만의 개성을 자유롭게 표현할 수 있는 무대를 열어주었다. 이러한 환경은 자연스럽게 Z세대에게 "세상은 나에게 최적화될 수 있다.", "모든 것은 나를 중심으로 재구성될 수 있다.", "타인의 기준에 얽매일 필요가 없다."와 같은 감각을 심어주었다.

Z세대가 추구하는 개인화는 단순한 자아 존중의 차원을 넘어선다. 그들은 삶의 모든 영역에서 개인 맞춤형 경험을 기대하고 요구한다. 학습 방식도, 커리어 설계도, 인간관계 방식도, 심지어 조직 안에서의 역할까지도 개인의 취향과 속도, 목표에 맞게 조정되어야 한다고 생각한다. 단순히 '개성을 존중해달라'는 것이 아니라 '나에게 최적화된 방식'이 제공되어야 만족할 수 있다.

Z세대의 등장은 한국 교육 방식에도 적잖은 변화를 가져왔다. 그 대표적인 변화가 바로 자존감 교육이다. 자아 존중감 혹은 줄여서 자존감은 자신을 존중하고 가치 있는 존재라고 인식하는 마음을 말한다. 간단하게 말해서 자기 자신을 긍정적으로 바라볼 수 있냐는 의미다.

자존감 교육은 원래 서구 사회에서 먼저 체계화된 개념이었다. 특히 미국에서는 1970년대부터 공교육 차원에서 자존감을 높이는 프로그램이 시도되었고, 학업 성취와 사회적 적응에 긍정적 효과가 있다는 연구 결과들이 쏟아졌다. 이러한 흐름은 2000년대 들어 한국 사회에도 영향을 미치기 시작했다.

한국에서 자존감 교육이 본격적으로 주목받은 계기 중 하나는 청소년 자살률과 정신건강 악화에 대한 사회적 우려였다. 통계청과 보건복지부 자료에 따르면, 2000년대 들어 10대와 20대의 자살률이 꾸준히 증가하면서 정부 차원의 대응이 요구되었고, 이에 따라 교육정책에도 심리 · 정서적 요소를 강화하려는 움직임이 일었다. 2015년 개정 교육과정에서는 자아 존중감 함양이 정규 교과를 넘는 범교과적 목표로 포함되었고, 이를 실현하기 위해 다양한 체험 중심 활동과 감정 표현 교육이 도입되었다.

그러나 정책적 계기 외에도 자존감 교육을 가속시킨 동력은 따로 있었다. 바로, '자존감이 높은 아이일수록 학업성취도도 높다'는 다수의 연구 결과였다. 실제로 교육심리학에서는 자기 효능감과 자존감이 동기부여와 직결된다는 분석이 지배적이다. 단지 심리적 위안 차원을 넘어 학습능력 자체에 영향을 준다는 점이 강조되면서 자존감 교육은 더욱 정당성을 얻게 되었다.

이 시기 한국 사회에는 또 하나의 중요한 변화가 있었다. 2002년생을 기점으로 초저출산 흐름이 뚜렷해지며 다자녀 가정은 줄고 외동 비중이 급격히 높아졌다. 이는 아이 한 명에게 쏟아지는 관심과

보호의 강도를 끌어올렸고, 교육에서도 '우리 중 하나'보다는 '그 아이 하나'에 초점이 맞춰지는 경향이 강해졌다. 이처럼 Z세대가 성장한 환경은 경쟁보다는 보호, 통제보다는 공감에 가깝다. 즉 이들에게 개인주의는 '내가 특별하다'는 자의식이기보다는 '나를 지키는 것이 가장 중요하다'는 생존 방식에 가까운 면이 있다.

가정에서도 이러한 흐름은 뚜렷하게 관찰된다. 형제자매 간의 갈등이나 위계보다는 '너는 너대로 괜찮다'는 메시지가 강조되고, 부모는 권위자가 아닌 조력자로 자리 잡는다. 학교 또한 과거처럼 일률적인 규율과 성적 중심 평가를 강요하기보다는 학생 개인의 정서와 관심을 존중하려는 노력을 기울이고 있다. 교사와 학생 사이의 거리도 점차 좁아지고 있으며, 질문과 피드백을 중심으로 한 수평적 소통 방식이 강조되고 있다.

군중 속 개인에서, 개인 속 군중으로

결국, 초개인화의 감각을 바탕으로 성장한 Z세대는 집단과 개인이 충돌하는 구도 자체를 인정하지 않는다. Z세대에게 집단은 더 이상 절대적인 권위를 가진 공간이 아니다. 집단은 각자의 고유성과 자유를 인정하는 전제 위에서만 존속할 수 있다. 그들에게 조직은 나를 규율하거나 통제하는 곳이 아니라 나의 개성과 목표를 실현하는 플랫폼이어야 한다.

바로 이 지점에서 요즘 세대와 조직의 갈등이 발생한다. **요즘 세대의 초개인화 성향은 단순한 개성의 강조를 넘어 세상을 바라보는 인식의 틀 자체를 바꾸어 놓았다.** 그들은 더 이상 "우리는 하나다"라는 명제에 공감하지 않는다. 세상은 본질적으로 개인들의 느슨한 연합이며, 그 누구도 타인의 방식에 개입하거나 통제할 수 없다는 전제가 당연한 것으로 받아들여진다. **이들에게 있어 다름을 존중하는 것은 선택이 아닌 생존의 원칙이다.** 누군가가 구성원들을 '이끈다'거나 '지시한다'는 개념은 의도와 상관없이 타인의 경계에 침범하는 행위로 느껴질 수밖에 없다.

과거의 리더십은 분명 공동체를 유지하는 데 중요한 역할을 했다. 희생, 책임, 통솔력은 존경의 대상이었다. 그러나 요즘 세대는 리더가 된다는 것 자체를 스스로를 잃는 일로 인식한다. 뿐만 아니라 이들은 자신이 그러하듯 타인도 각자의 방식대로 살아갈 권리가 있다고 굳게 믿는다. 따라서 타인의 경로를 조정하거나 성장을 이끈다는 행위 자체가 과한 간섭처럼 보일 수 있다. '나도 강요받기 싫다'는 전제가 '남에게도 강요하지 않겠다'는 태도로 확장된다. 이것이 바로 요즘 세대가 리더가 되기를 주저하고 누군가 앞장서는 구조 자체에 거부감을 가지는 배경이다.

문제는 이러한 성향이 일정 수준을 넘어설 경우 리더십의 진공 상태를 만들 수 있다는 점이다. 누구도 나서지 않으려 하고 누구도 책임지려 하지 않는 분위기가 고착되면 협력은 무너지고 각자도생만 남는다. 초개인화는 개인의 자유를 확장시키지만 그 자유가 공동체의 기반을 위협할 때는 초이기주의로 전락할 수 있다.

이건 나도 처음 해보는 일인데요

한때 조직 내 리더는 그 자체로 정답에 가까운 존재였다. 해당 분야에서 오래 일하며 경험과 전문성을 쌓았고 누구보다 실무를 잘 알고 있었으며, 문제를 보면 방향을 제시할 수 있는 사람이었다. 직원들 입장에서는 '리더가 시키는 대로 하면 된다'는 신뢰가 있었고, 리더는 '나도 해봤다'는 확신을 바탕으로 구성원을 이끌었다.

예컨대, 제조업의 품질 관리 부서에서 20년 일한 베테랑이 팀장이 되었을 때, 후배들에게 필요한 것은 그의 판단을 따르는 것이었다. 리더는 불량률 감소를 위해 어떤 공정을 손봐야 하는지, 어느 벤더를 교체해야 하는지 명확히 알고 있었고, 그 경험이 곧 조직의 자산이었다. 문제해결은 경험의 연장선이었고 실행력만 뒷받침되면 리더십은 작동했다.

하지만 지금의 리더는 더 이상 정답을 제시하는 사람이 아니다. 기술의 생명주기가 짧아지고, 산업 간 경계가 무너지며, 과거의 경험이 현재 문제에 잘 적용되지 않는 경우가 많아졌다. 조직은 AI, ESG, 디지털 전환 등 새로운 어젠다를 추진하라고 요구하지만, 정작 이와 관련된 경험을 모두 가진 리더는 거의 없다. 리더조차도 구성원과 똑같이 "이건 나도 처음 해보는 일인데…"라는 말로 시작하게 된다.

리더십이 언제, 어떻게 작동하는가?

IT 서비스 기업 B사는 기존의 하드웨어 중심 비즈니스를 클라우드 기반 SaaS로 전환하는 전략을 수립했다. 조직 내 가장 성과가 좋았던 인프라 팀장이 프로젝트 리더로 임명되었지만 그는 단 한 번도 클라우드 아키텍처를 설계해 본 적이 없었다. 결국 그는 "내가 이끄는 게 맞는가?"라는 자괴감을 느끼기도 했고, 사내외 전문가들을 함께 일하는 조력자로 끌어들이는 방식으로 리더십의 방식을 전환해야 했다. 이처럼 낯선 과제가 일상이 되면서 리더들이 가장 많이 호소하는 것이 바로 '시간 빈곤Time Poverty'이다. 일명 '시간 거지'라는 표현이 회자될 정도로 오늘날 리더의 하루는 회의, 보고, 피드백, 결재, 전략 수립, 위기 대응 등으로 빽빽하게 채워진다. 2024년 기준, 한국의 연간 평균 근로시간은 약 1,872시간으로 OECD 평균인 약 1,742시간보다 130시간 더 많다. 이는 2014년의 199시간 차이보다는 줄어든 수치지만, 여전히 한국 근로자들은 OECD 평균보다 더 많은 시간을 일하고 있다. 특히 중간 관리자급 리더일수록 이 과부하에 시달리는 경향이 강하다. 이를 개선하기 위해 주당 52시간 시간제 도입 등 근로기준법이 개정되었지만 줄어든 노동시간이 바쁨을 몰아내고 여유로운 삶을 가능케 하기는커녕, 줄어든 시간 안에 더 많은 성과를 내야 한다는 압박이 가중되며, 불안과 과잉 생산활동을 촉발하고 있다.

하지만 곰곰이 생각해보면 과거라고 해서 인력과 시간이 넉넉했던 것은 아니다. 오히려 지금보다 더 열악한 조건 속에서 일했던 시절도 있었다. 그럼에도 당시 리더들은 지금만큼 지쳐 보이지 않았다. 왜일까? 그 이유는 명확하다. 과거에는 리더의 전문성과 경험이 부족한 인력과 자원을 메우는 일종의 버팀목 역할을 했기 때문이다. 인원이 부족해도, 시간이 촉박해도 리더가 직접 문제를 정의하고 해결 방향을 제시할 수 있었다. 하지만 지금은 상황이 다르다. 문제는 훨씬 더 복잡해졌고, 낯선 과제는 끊임없이 쏟아진다. 변화의 속도는 빨라졌고 예측 가능성은 그만큼 낮아졌다.

이제는 더 이상 리더 개인의 경험만으로는 모든 상황을 감당할 수 없다. 문제는 점점 새롭고 복잡해지고 있으며, 해결 방식은 실험적일 수밖에 없다. 그 어느 누구도 정답을 장담할 수 없는 시대다. 구성원뿐 아니라 리더에게조차 매 순간이 처음 겪는 도전이고 그만큼 리더십의 부담은 이전보다 훨씬 커졌다. 이런 상황에서 **우리는 리더십을 단순한 개인의 역량으로 정의하는 접근을 넘어 리더십이 발휘될 수 있는 환경적 조건과 맥락을 함께 살펴볼 필요가 있다. 즉, 탁월한 리더가 '어떤 사람인가'에만 집중하는 것이 아니라 리더십이 '언제, 어떻게 작동하는가'를 이해하려는 관점 전환이 필요한 것이다.**

시간 부족은 리더의 판단력을 약화시킨다

이와 관련해 리더십의 본질을 환경적 요인 속에서 바라보게 만드는 유명한 심리학 실험이 있다. 미국의 사회심리학자 존 달리John Darley와 다니엘 배슨Daniel Batson은 프린스턴 대학교의 신학과 학생들을 대상으로 "사람의 행동을 결정하는 진짜 요인은 무엇인가"를 탐구하는 실험을 진행했다.

연구진은 참가자들을 세 그룹으로 나눠 발표 과제를 부여했다. 그중 한 그룹은 성경 속 이야기인 '착한 사마리아인'을 주제로 발표하도록 지시받았고, 다른 학생들은 다른 주제로 발표를 준비했다. 이이야기는 누군가가 길에 쓰러져 있을 때, 종교적·사회적 차이에도 불구하고 그를 도운 인물을 중심으로 구성되어 있다. 착한 사마리아인은 낯선 타인에게도 공감하고 책임을 느끼며 실질적 도움을 제공하는 상징적인 인물이다. 이처럼 윤리와 배려, 공동체적 연대를 함축하는 이 이야기는 도덕적 행동의 전형으로 자주 인용된다.

하지만 실험의 진짜 목적은 발표 주제가 아니었다. 참가자들이 발표 장소로 이동하는 길에 연구진은 길가에 한 사람이 쓰러져 있는 상황을 연출했다. 그리고 참가자들에게는 각각 다른 시간 조건이 주어졌다.

- A그룹: "지금 출발하면 시간이 충분합니다."
- B그룹: "지금 출발하면 시간은 딱 맞을 겁니다."

- C그룹: "이미 늦었습니다. 빨리 가세요."

    연구진이 알고자 했던 것은 바로 이 순간, 쓰러진 사람을 본 참가자들이 멈춰 도울 것인가 아닌가였다.

    결과는 충격적이었다. 시간에 여유가 있었던 A그룹은 63퍼센트, 정시 도착 예정인 B그룹은 45퍼센트, 촉박한 시간에 쫓긴 C그룹은 단 10퍼센트만이 멈춰 도움을 줬다. 놀랍게도 발표 주제는 도움에 큰 영향을 미치지 않았다. 착한 사마리아인에 대한 발표를 준비하던 학생들도, 다른 주제로 발표를 준비하던 학생들과 비슷한 수준의 도움 행동을 보였다. 즉 사람이 도덕적으로 행동하는가는 그 사람의 성향이나 신념이 아니라 상황의 구조에 훨씬 더 영향을 받는다는 사실이 드러난 것이다. 아무리 옳은 생각을 하고 있어도 시간이 없고 마음의 여유가 없으면 행동으로 옮길 수 없다.

    이처럼 시간 빈곤은 단순히 여가 부족이나 스트레스를 넘어 리더의 인지적 시야를 좁히고 도덕적 판단 능력 자체를 약화시키는 요인이 된다. 시간에 쫓길수록 사람은 시야가 협소해지고 지금 당장 해결해야 할 문제만을 과도하게 인식하게 되는 경향이 있다. 이를 심리학에서는 '스포트라이트 현상spotlight effect'이라고 한다. 이 현상은 리더가 사안 전체의 맥락보다 눈앞의 위기나 수치, 과업에 과도하게 집중하도록 만들며, 결과적으로 장기적 관점이나 사람 중심의 결정을 어렵게 만든다.

이 실험은 리더십에도 중요한 시사점을 준다. 우리는 흔히 리더에게 착한 사마리아인의 역할을 기대한다. 위기에 처한 구성원을 알아보고 어려움을 감지하고 손을 내밀어 끌어주는 존재를 원한다. 하지만 진짜 문제는 그런 역할을 해내기 위한 조건이 주어지고 있는가이다. 착한 사마리아인이 되기 위해서는 마음만이 아니라 '멈출 수 있는 시간', '상황을 인지할 수 있는 여유', '도움을 줄 수 있는 자원'이 필요하다.

오늘날의 리더들은 매일 회의와 보고, 위기 대응과 전략 수립에 몰려 있다. 주어진 시간 안에 처리해야 할 업무는 과도하고 여유는 거의 없다. 그러다 보니 눈앞에 누가 쓰러져 있어도 그것을 알아차리지 못하거나 알아차리더라도 멈추지 못하고 지나치는 경우가 발생된다. 이는 무관심해서가 아니라 멈추고 싶은 마음이 있어도 멈출 수 없는 구조적 시간 빈곤 때문이다.

결국, 리더십은 단지 도움을 줄 수 있는 성향을 가진 사람을 뽑는 문제가 아니다. 리더가 착한 사마리아인이 되기 위해서는 조직이 그 리더에게 그러한 역할을 감당할 수 있는 시간, 공간, 권한을 제공해야 한다. 그래야 리더는 누군가를 돌볼 수 있고 팀 전체의 방향을 조율할 수 있으며, 공동체를 안전하게 이끄는 존재가 될 수 있다.

리더십의 실패는 시스템의 실패다

여전히 대부분의 조직은 리더 한 사람에게 과도한 책임을 부여한다. 성과가 나지 않으면 리더의 능력을 의심하고 팀 분위기가 침체되면 리더의 동기부여 기술을 문제 삼는다. 이러한 사고방식은 리더라는 존재를 모든 문제의 원인이자 모든 해답의 열쇠로 보는 왜곡된 시각에서 비롯된다. 사회심리학에서는 이러한 경향을 '**리더십 로맨스**Leadership Romance'라고 한다. **이는 리더의 역할을 과도하게 이상화하고 조직의 성패를 리더 개인의 능력에만 귀속시키는 일종의 인식 편향이다.**

예를 들면 이런 식이다. 신입사원이 자주 퇴사하는 조직에서 사람들은 "팀장이 따뜻하게 대해주지 않아서 그렇다"고 말한다. 하지만 그 팀장은 매달 성과 회의 준비와 보고서 작성에 시달리며 팀원 개개인과 대화할 시간조차 없다. 프로젝트가 계속 엇박자를 내고 마감이 늦어지면 "리더가 일정을 제대로 관리 못 한다."고 비난한다. 그러나 실상은 팀 전체의 업무량이 과도하고 부서 간 협업 체계가 불분명해 리더가 조율할 수 있는 범위 자체가 제한되어 있다. 심지어 조직 내 변화가 필요할 때조차 "리더가 추진력이 없어 변화가 안 된다."는 말이 나온다. 하지만 그 리더는 위로부터 권한을 부여받지 못했고 결정권도 없으며 변화 시도 자체가 리스크로 간주되는 분위기 속에 있다.

문제는 리더가 아니라 리더가 서 있는 자리다. 그런데도 우리는 너무 쉽게 '리더십이 부족하다'는 말로 복잡한 원인을 단순화하고 구조의 문제를 개인의 실패로 치부해버린다. 그러나 현실은 훨씬 더 복잡하다. 리더십은 리더 혼자 만들어가는 것이 아니다. 그것은 팀 원들과의 관계 속에서 형성되고 조직의 구조적 조건에 따라 가능성이 결정되며 문화적 분위기와 공동의 목적 안에서 작동한다. 리더는 혼자 결정하고 이끄는 존재가 아니라 상호작용과 맥락 속에서 만들어가는 존재인 것이다. 특히 오늘날처럼 다양한 세대가 공존하고 구성원 각자의 가치관과 기대가 엇갈리는 환경에서는 리더 혼자 모든 것을 이끌어 나간다는 전제가 더욱 비현실적이다. 명령과 통제 중심의 리더십은 이제 설 자리를 잃어가고 있으며, 독단적 카리스마보다는 관계의 신뢰, 통찰보다는 감각, 지시보다는 질문이 더 중요한 리더십 역량으로 부상하고 있다.

이는 직위나 권한에 의해 임명된 전통적 리더 리더에게는 매우 불리한 조건이다. 스스로도 확신할 수 없는 상황에서 타인의 신뢰를 끌어내야 하기 때문이다.

디지털 기술로 가속화된 시간 감각의 붕괴와 리더십의 위기

이러한 리더십의 위기에는 시간 감각의 붕괴라는 배경이 존재한다. 스페인의 사회학자 마누엘 카스텔Manuel Castells은 정보화 사회의 시간 개념을 설명하며 'Timeless Time'이라는 개념을 제시했다. 이는 디지털 기술로 인해 선형적이고 연속적인 시간 흐름이 무너지고 모든 순간이 동시에 발생하는 듯한 감각이 지배하는 상태를 의미한다.

이전 세대의 시간은 일직선이었다. 입사, 승진, 리더 역할이라는 선형적 경로 속에서 사람들은 미래를 설계하고 준비할 수 있었다. 하지만 지금은 그렇지 않다. 입사의 의미도 다르고 경력의 시작과 흐름도 케이스 바이 케이스다. 과거의 궤적은 더 이상 도움이 되지 않으며 요즘 리더는 자신이 직접 길을 만들어야 하는 위치에 놓인다.

이러한 변화는 디지털 기술의 실시간성에 의해 더욱 가속화된다. 지금의 리더는 항상 연결되어 있는 존재다. 메일, 카카오톡, 인스타그램 DM, Slack, 사내외 전화까지 수많은 채널이 동시에 울린다. 의사결정, 피드백, 감정노동, 협업, 위기 대응 등 리더의 시간은 단절 없이 쪼개지고 쉴 없이 분해된다. 이런 상황에서는 몰입도 어렵고 신뢰를 쌓는 시간적 여유도 사라진다. 계속 반응하면서도 생각할 시간을 잃고 계속 조율하면서도 방향을 고민할 수 없게 된다. **리더십의 핵심인 판단력, 관계 형성, 맥락 읽기는 끊임없이 분절된 시간 속에서 지속 불가능한 역량이 되어버린다.**

따라서 앞으로의 리더십은 개인의 능력이나 헌신에만 의존해서는 지속 가능하지 않다. **이제 리더십은 개인의 희생이 아니라 조직의 설계 문제로 접근해야 한다.** 다시 말해, 다음과 같은 질문을 먼저 던지는 조직이어야 한다.

- 리더는 구성원들과 신뢰를 쌓을 여유가 있는가?
- 리더가 아닌 구성원들은 책임을 나누고 있는가, 아니면 모든 부담이 리더에게 집중되어 있는가?
- 조직은 리더가 무너지지 않도록 구조적으로 보호하고 있는가?

영향력 있는 미국 통계학자이자 경영 품질 혁신의 아버지로 불리는 에드워즈 데밍Edwards Deming는 이렇게 말한다. "우리는 사람에게 문제가 있다고 생각한다. 그러나 대부분의 경우, 문제는 시스템에 있다." 많은 조직이 리더 개인의 자질을 논하며 변화의 해답을 찾지만 정작 리더가 설 수 있는 구조와 환경은 바꾸지 않는다. 리더십은 고립된 개인의 자질이 아니라 관계와 조건, 맥락 속에서 탄생하는 사회적 역량이다. 즉 좋은 리더를 만드는 건 좋은 사람이 아니라 좋은 시스템이다.

시간이 곧 리더십이다

리더십은 단순히 지시하거나 통제하는 행위가 아니다. 본질적으로 **리더십은 '자원이 어디에, 어떻게, 얼마나 분배되는가'에 대한 문제이며, 그중에서도 가장 귀한 자원이 바로 시간이다.** 자본이나 권한보다 더 근본적인 리더의 권력은 '누구에게 시간을 쓸 것인가'를 결정하는 선택권에서 나온다. 시간은 모든 리더에게 공평하게 주어지지만 그 시간을 어떻게 쓰는가에 따라 리더십의 질은 극명하게 갈린다. 결국, 리더는 시간이라는 자원을 통해 영향력을 행사하고 문화를 형성하며 성과를 만든다.

하버드 경영대학원 교수인 로버트 사이먼스는 "리더의 시간표를 보면 그 조직이 무엇을 중요하게 여기는지 알 수 있다"고 말했다. 하지만 막상 리더 자신은 본인이 누구에게 가장 많은 시간을 쓰고 있는지, 어떤 기준으로 시간을 배분하고 있는지 자각하지 못할 때가 많다.

이를 점검해보기 위해 간단한 실험을 해보자. 먼저, 종이를 펼쳐놓고 왼쪽에는 팀 내 구성원 중 최근 6개월 동안 가장 높은 성과를 낸 사람들의 이름을 순서대로 적는다. 오른쪽에는 평소 리더로서 가장 많은 시간을 할애했던 사람들을 순서대로 적는다. 이제 좌우의 동일한 이름끼리 선을 그어 연결해보자.

이 두 목록이 일치하는가? 혹은 서로 어긋나 있는가? 이 두 목록이 거의 일치한다면 당신은 리더로서 전략적으로 시간 자원을 배분하고 있는 것이다. 그러나 만약 큰 차이가 있다면 성과와 무관한 시간 소비가 일어나고 있을 가능성이 높다.

성과가 낮은 구성원에 더 많은 시간을 쓰는 역설

많은 리더가 성과가 낮은 구성원에게 더 많은 시간을 쓰는 경향이 있다. 이는 그들을 돕고 성장시키고자 하는 선의에서 비롯된 선택일 수 있다. 하지만 그 결과, 나머지 구성원에게는 다음과 같은 잘못된 메시지가 전달될 수 있다. "성과를 잘 내면 리더의 관심에서 멀어질 수 있다."

이는 조직 내에서 역동적인 역설을 만든다. 열심히 잘하는 구성원이 오히려 소외감을 느끼고 개선이 필요한 구성원은 리더의 주의를 독점하게 된다. 하지만 조직은 단지 평균을 맞추는 집단이 아니다. 조직은 우수한 개인이 기준을 설정하고 그 기준이 전체의 방향을 이끄는 생태계다. 성과가 높은 구성원에게 더 많은 시간과 피드백이 집중되면 그들이 보여주는 성과와 태도가 조직 전체의 기준점이 되고 자연스럽게 그 방향으로 진화하게 된다. 반대로 성과가 낮은 구성원에게 리더의 대부분의 시간이 소진된다면 우수한 인재는 리더로부터 소외되었다는 느낌을 받을 수 있으며, 이는 동기 저하로 이어질 수 있다.

물론, 현재 성과가 부족하더라도 성장의 가능성이 있는 구성원에게는 충분한 관심과 시간이 필요하다. 그러나 **그 시간은 성장을 위한 전략적 투자여야 한다. 단순히 문제해결에 급급해 모든 리더십 자원을 투입하는 것이 아니라 조직의 미래를 내다보며 누구에게 시간을 쓰는 것이 조직 전체에 긍정적인 파급 효과를 낼 수 있는가를 판단하는 것이 중요하다.**

시간을 효율적으로 쓰기 위한 시간관리 매트릭스

그렇다면 리더 자신은 시간을 어디에, 어떻게 보내는 것이 가장 효율적일까? 시간 관리를 설명할 때 자주 인용되는 도구 중 하나가 다음의 시간관리 매트릭스다.

시간관리 매트릭스

시간관리 매트릭스를 보면 중요하면서 긴급한 일(A영역), 중요하지만 긴급하지 않을 일(B영역), 중요하지 않지만 긴급한 일(C영역), 중요하지도 않고 긴급하지도 않은 일(D영역)을 구분한다. 이를 가지고 일의 순서를 정해보자. 어떤 순서로 일을 처리해야 할까? 최고경영자 과정이나 리더십 과정에서 테스트를 해보면 대부분은 A-C-

B-D 순으로 정한다. 일의 긴급도를 바탕으로 우선순위를 정하는 것이다. 겉보기에는 자연스러운 순서처럼 보일 수 있다. 하지만 이렇게 하면 리더는 결국 긴급한 일의 노예가 되기 쉽다.

물론 A영역, 즉 중요하고 긴급한 일은 즉각적인 대응이 필요한 사안이다. 문제는 이 영역의 일에만 몰두하다 보면 리더는 시간에 쫓기고 조직은 위기 대응형 문화에 빠진다. 주도권을 잃은 시간은 리더십을 흐리게 만든다. C영역도 마찬가지다. 많은 리더들이 여기에서 시간을 소진한다. 전화, 보고 요청, 갑작스런 외부 미팅처럼 당장 대응해야 할 일들에 파묻히면 정작 중요한 전략적 결정은 뒷전으로 밀리게 된다. 그 결과, 리더는 정신없이 바쁜데도 불구하고 의미 있는 성과를 내지 못하는 상황에 빠진다. 왜냐하면 진짜 변화를 만드는 일은 대부분 B영역, 즉 중요하지만 긴급하지 않은 일에 있기 때문이다.

B영역은 조직의 중장기적인 발전과 직결된다. 미래를 위한 전략 수립, 시스템과 프로세스의 개선, 핵심 인재의 육성과 피드백, 조직 문화 혁신, 리더 자신의 학습과 성장 등의 일들은 당장 급하지 않다. 그래서 쉽게 뒤로 밀린다. 그러나 리더가 B영역에 시간을 쓰지 않는다면 조직은 미래를 준비할 수 없다. 고성과자나 잠재력 있는 인재는 리더의 관심을 받지 못하고 방치되는 느낌을 받을 수 있다. 위기를 사전에 예방하거나 더 큰 기회를 설계할 여유도 사라진다. 특히 요즘 세대는 단기 성과 중심의 문화에 피로감을 느낀다. 단기적 수

치에만 집착하는 리더십은 그들에게 동기 부여가 되지 않는다. 그들은 "내가 지금 하는 일이 조직의 미래와 어떻게 연결되는가"를 알고 싶어 하고, 리더가 그 연결 고리를 명확히 설명해주길 기대한다. 단순한 지시는 설득력을 잃는다. 대신, 방향을 제시하고 그 안에서 스스로 의미를 찾을 수 있게 해주는 리더에게 신뢰를 보낸다.

또한 요즘 세대는 조직의 성과만큼이나 자신의 경력 개발에도 높은 관심을 가진다. "이 일이 나에게 어떤 성장을 줄 수 있는가", "앞으로 어떤 역량을 쌓게 될 것인가" 같은 질문은 그들에게 매우 현실적인 고민이다. 리더가 구성원의 경력 여정에 관심을 갖고 그들의 성장을 전략적으로 도울 때 구성원은 비로소 리더와 조직에 몰입하게 된다.

B영역의 가치를 일찍이 간파한 기업들이 있다. 구글의 20% 룰, 3M의 15% 룰은 그 대표적인 사례다. 여기서 핵심은 B영역의 활용에 배려한 시간, 당장의 수치에 집착하지 않는 환경, 그리고 실패가 용인되는 심리적 안정감이다. 이 세 가지 요소가 보장될 때 구성원은 자신의 성장뿐 아니라 조직의 미래를 위한 실험에 몰입할 수 있다. 이처럼 B영역은 단순히 시간을 관리하는 문제가 아니다. 조직이 얼마나 미래를 중요하게 생각하는가, 구성원을 전략적 파트너로 존중하는가를 보여주는 조직문화의 바로미터다.

다시 주목받는 Me세대

"그건 제 일이 아니에요." "그건 제 삶과 맞지 않아요." 요즘 세대들의 입에서 자연스럽게 나오는 이 말들은 단순한 무책임의 표현이 아니다. 이들은 더 이상 공동체의 요구나 전통적 책임에 기계적으로 반응하지 않는다. 그보다는 자신에게 의미 있는지, 자기 삶의 궤도에 부합하는지를 먼저 따진다. 이들은 혼자서도 잘 지내며 자신이 하는 일을 모두가 봐주길 원하지만, 남들과 달라야 한다고 생각한다. 이처럼 '나'를 기준으로 세상을 해석하는 태도는 '미세대Me Generation'와 '미이즘Meism'이라는 개념으로 설명할 수 있다.

세대라는 개념에는 '코호트cohort'의 의미가 담겨 있다. 코호트란 동일한 시대를 살아가며 특정한 사회적 사건이나 문화적 경험을 공유한 집단을 뜻하며, 이들은 유사한 가치관과 행동양식을 형성하는 경향이 있다.

예를 들어, 비틀스와 밥 딜런에 열광했던 히피세대와 앨런 워커, 빌리 아일리시에 환호하는 요즘 세대는 전혀 다른 문화적 경험을 공유하며 성장했다. 이러한 코호트적 차이는 개인의 가치관뿐 아니라 집단의 사고방식과 행동에도 적지 않은 영향을 미친다. 바로 이것이 세대라는 변수를 간과할 수 없는 이유다.

더 정교하게 일상화된 형태로 재등장한 미세대

'**미세대**'라는 용어는 원래 1970~80년대 미국에서 등장했다. 당시 베이비붐 세대 이후의 젊은 층은 전통적인 공동체 가치보다는 개인의 욕망과 자아실현, 자기표현을 더욱 중요하게 여겼다. 미국의 저널리스트 톰 울프Tom Wolfe는 이 같은 흐름을 가리켜 "The Me Decade(나의 10년)"이라 표현하며, 소비, 자기관리, 심리적 성장에 몰두하는 문화적 전환을 지적했다.

그로부터 수십 년이 지난 지금, '미세대'는 다시 주목받고 있다. 단지 반복이 아니라 훨씬 더 정교하고 일상화된 형태로 재등장한 것이다. 요즘 세대는 자신을 사회적 존재로 인식하기보다 개별적 정체성을 가진 개인으로 자각하며 살아간다. "나답게 살기", "내 페이스대로", "내 삶은 내가 정한다"는 표현들이 널리 퍼져 있는 이유다.

한국에서도 2000년대 이후 자기계발 열풍, 유튜브와 인스타그램 중심의 SNS 확산, 그리고 수직적 조직문화에 대한 피로감이 겹치면서 '미세대'의 태도는 하나의 세대 정체성으로 자리 잡게 되었다. **이들은 더 이상 기존의 규범을 정답으로 받아들이지 않으며, 집단적 책임보다 개인의 선택권과 의미 중심성을 우선시한다.**

기업 현장에서도 이러한 흐름은 뚜렷하게 나타난다. 과거에는 조직의 미션이나 상사의 지시에 따라 일하는 것이 당연했지만, 요즘 세대는 "내가 왜 이 일을 해야 하는가", "이 일이 내 성장에 어떤 의미가 있는가"를 스스로 납득하지 않으면 동기화되지 않는다. 단순한 보상이나 명령만으로는 동기 부여가 어렵고 업무의 의미 부여와 자율성 보장이 핵심 동력이 되었다.

나를 중심으로 세상을 해석하는 미이즘

'미이즘'은 미세대의 세계관을 설명하는 개념적 틀이다. **이는 단순히 '자기중심주의'라는 비판적 프레임이 아니라, 나를 중심으로 세상을 해석하는 인식의 틀이다.** 모든 판단의 기준은 외부 규범이 아니라 "나에게 의미가 있는가?", "내가 괜찮은가?"로 귀결된다. 세계가 나를 중심으로 돌고 있다는 인식론적 천동설이다.

미이즘은 두 가지 상반된 속성을 동시에 품고 있다. 하나는 긍정적 개인주의다. 이는 자율성과 다양성을 중시하며, '나는 다르다'는 감수성이 타인의 삶의 방식도 존중하게 만든다. 서로의 선택을 간섭하지 않고 개인의 경계를 인정하는 문화가 정착된다. 이는 성별, 정체성, 직업관, 라이프스타일의 다양성을 존중하는 최근 사회 흐름과 맞닿아 있다.

그러나 다른 한편으로 미이즘은 부정적 이기주의로 기울 수 있다.

나의 감정과 나의 안전이 최우선이기 때문에 타인의 기대나 사회적 책임은 쉽게 거절된다. 사회적 요구는 나의 자유를 침해하는 간섭으로 인식되고 공동체적 의무는 피하고 싶은 스트레스로 전환된다. 일례로, Z세대는 "그건 제 일이 아니에요", "그건 제가 책임질 수 없어요"라는 식의 표현으로 경계선을 분명히 긋는다. 이처럼 미이즘은 개인주의와 이기주의라는 양면성을 갖는다. 중요한 것은 이 양면성을 어떤 사회 구조와 문화가 어떻게 수용하고 조정하느냐다.

현실적인 과제가 된 '나는 누구인가'

미세대와 미이즘은 단지 문화적 취향이나 일시적 트렌드의 결과물이 아니다. 그 배경에는 산업 구조의 변화와 기술 환경의 전환, 그리고 그것에 따른 자아 감각의 재구성이라는 깊은 변화가 자리 잡고 있다. 1990년대 이후 전 세계적으로 안정적 성장은 줄어들고 불확실성과 경쟁이 일상화되었다. 청년들은 평생직장 대신 언제든 바뀔 수 있는 일자리를 전제로 삶을 설계해야 했다. 조직 충성보다 자기계발과 자율성이 중요한 덕목이 된 이유다.

디지털 미디어의 확산도 빼놓을 수 없다. 유튜브, 인스타그램, 틱톡 등 개인 중심의 콘텐츠 플랫폼은 누구나 자기 자신을 브랜드화할 수 있는 환경을 제공했다. 이제 사람들은 조직이나 단체의 일원이기 전에 하나의 퍼스널 미디어 채널로서 살아간다. "나는 누구인가"라는 질문은 더 이상 철학의 영역이 아니라 실시간 피드백을 받는 현실적 과제가 되었다.

사회심리학자 배리 슈워츠Barry Schwartz는 현대 사회를 '선택의 역설The Paradox of Choice'로 설명한다. 선택지가 많을수록 인간은 불안하고 무기력해지며 결국 자신의 감정을 중심으로 결정을 단순화하려는 경향을 보인다. "그 일이 나에게 어떤 감정을 주는가"는 오늘날 행동의 핵심 기준이다.

결국, 미세대와 미이즘은 단순한 자의식 과잉이나 책임 회피가 아니다. 변화하는 구조 속에서 개인이 생존하기 위해 스스로 만들어낸 적응 전략이다. 따라서 이 현상을 비판하거나 찬양하는 이분법적 접근보다 더 중요한 것은 다음의 질문이다. "어떤 조건이 이러한 세계관을 만들었는가?", "우리는 어떤 방식으로 이 세계관과 공존하거나 공동체 감각을 재설계할 수 있을 것인가?" 미세대를 이해하는 것은 곧 현대인의 삶의 조건을 이해하는 것이며, 이를 바탕으로 새로운 사회적 연대와 협력의 기반을 만들어가는 일이다.

실용세대와 리더 포비아

오늘날 많은 조직에서 익숙한 장면이 반복된다. 회의 중 "이번 프로젝트 책임자는 누가 맡을까요?"라는 질문이 나오면 방 안에는 침묵이 흐른다. 누군가를 지목해도 "지금은 좀 바빠서요", "제가 할 역량이 부족한 것 같아요", "그건 제 일이 아닌 것 같아요"라는 말이 돌아온다. 이는 단순히 개인의 책임 회피나 게으름으로 치부할 수 없다. 그 이면에는 감정의 소모를 경계하는 세대적 감수성, 자율성과 진정성을 중시하는 자아 인식, 그리고 리더십의 구조적 부담이 교차한다.

이러한 현상은 요즘 트렌드인 '실용세대Practical Generation'라는 인식 틀을 통해 이해할 수 있다. **실용세대는 감정과 시간을 무한정 투입 가능한 자원이 아니라 전략적으로 관리해야 할 자산으로 여긴다. 감정은 억누를 대상이 아니라 보호하고 회복해야 할 자기 자원이며, 시간을 쓸모없는 긴장과 갈등에 낭비하는 것을 극도로 경계한다.** 이들은 감정적 자율성을 위협하는 구조, 갈등의 중심에 서야 하는 역할, 불투명한 보상 체계를 비효율적이고 위험한 시스템으로 판단한다.

실용세대는 더 이상 리더가 되는 것을 성장으로 여기지 않는다. 그 이유는 감정노동의 부담 때문이다. 리더라는 역할은 종종 타인의 감정을 조율하고 불편한 피드백을 전하며 개인의 감정보다 조직의 이익을 우선시해야 하는 위치에 있다. 그러나 오늘날의 젊은 세대는 자기감정의 진정성과 자율성을 중요한 가치로 여긴다. 감정과 행동 사이의 불일치, 즉 속마음과 다른 말을 해야 하거나 조직의 논리를 따르기 위해 자신의 감정을 억제하는 상황은 내면적 소진으로 직결된다.

이러한 감정 회피 성향은 단순한 나약함이나 이기주의가 아니라 앞서 설명한 미이즘이라는 자기 중심적 인식틀에서 비롯된다. 미이즘은 이기심이 아니라 자기 정체성에 대한 일관성을 유지하려는 태도이다. 진정성 있는 감정표현, 자율적 선택, 개인적 의미를 추구하는 이 세계관 속에서 리더십은 감정의 진정성을 해치는 자리로 인식된다. 다시 말해, 리더가 된다는 것은 감정의 소진과 심리적 부담을 감수해야 하는 선택이 된다.

전통적인 조직문화에서는 리더십이 곧 권한, 보상, 명예를 뜻했다. 그러나 실용세대가 조직에서 마주하는 리더십은 전혀 다른 얼굴을 하고 있다. 감정노동은 증가했지만 보상은 줄어들고 책임은 커졌지만 권한은 제한되었으며, 명확한 기준 없는 평가와 감정적 중간관리자 역할이 리더십을 성장의 트랙이 아니라 소진의 경로로 만들었다.

실리콘밸리의 한 테크 기업에서는 중간 관리자들의 대규모 이탈이 발생했고, 이를 분석한 보고서는 "관리직은 더 이상 꿈의 직업이 아니다"라는 결론을 내렸다. 관리자라는 직무는 애매한 권한, 과도한 책임, 낮은 성과 가시성, 불확실한 승진 구조, 지속적인 팀 감정 관리 등을 포함한다. 그 결과 투입 대비 산출이 맞지 않는, 즉 가성비가 낮은 역할로 인식된다. 이 같은 현상은 미국에만 국한되지 않으며, 한국, 일본, 유럽 등에서도 동일하게 나타나고 있다.

리더 포비아는 책임회피가 아니다

실용세대는 직무를 선택할 때 승진 여부나 외적 권위보다는 그 일이 자신에게 주는 정서적 안정감, 성장의 의미, 일상과의 균형 여부를 먼저 따진다. 단순한 직급 상승이나 역할 전환은 더 이상 그 자체로 매력적인 보상이 되지 못한다. 오히려 정서적 위험이 큰 리더 포지션은 피해야 할 대상이 된다. 많은 젊은 구성원들이 "리더가 되면 오히려 자유를 잃고, 감정 소모만 늘어난다"는 인식을 갖는 이유도 여기에 있다.

이러한 인식 변화는 단지 개인 심리의 변화가 아니다. 그것은 리더십이라는 포지션에 대해 더 이상 합리적인 인센티브 구조가 설계되어 있지 않다는 구조적 붕괴의 결과다. 리더가 감정적 자원을 과다하게 투입해야 하고 회복할 기회 없이 소진된다면, 실용세대는 그 역할을 전략적으로 회피할 수밖에 없다.

이제 우리는 조직 내에서 벌어지는 리더 포비아 현상을 단순한 책임 회피로 보아서는 안 된다. 그것은 감정과 시간을 자산처럼 다루는 실용세대의 생존 전략이며, 현재의 리더십 구조에 대한 구조적 불신의 표현이다. 이들은 단순히 리더가 되기를 꺼리는 것이 아니라 기존의 리더십 시스템이 감정적·정서적·시간적으로 가성비가 맞지 않는다고 판단하는 것이다.

따라서 오늘날 조직이 리더십 문제를 해결하려면 단지 구성원의 책임감을 촉구하는 방식으로는 부족하다. 조직은 리더 역할의 실질적 의미, 감정적 회복 메커니즘, 명확한 보상 구조를 재설계해야 한다. 리더십은 누군가 감당해야 할 희생이 아니라 감정적으로 설득력 있고, 시간적으로 효율적이며, 의미 있는 성장 경로로 다시 설계되어야 한다.

변화하는 리더십,
흔들리는 가치

"오늘 내가 해야 할 불가능한 일은 뭐지?"

– 대니얼 라마르 –

굳이 이기고 싶지 않아요

'주목받고 싶은 욕구'는 오랫동안 인간의 기본적인 사회적 욕망으로 여겨져 왔다. 고대 사회에서도 지도자, 전사, 예언자 등은 공동체의 주목과 존경을 받는 존재였으며, 근대 이후에는 유명인, 연예인, 인플루언서 등 대중의 시선을 받는 존재가 곧 사회적 성공의 상징으로 여겨졌다. 하지만 요즘 세대들 사이에서는 이와 같은 '주목 욕망'이 점차 약화되고 있는 흐름이 관찰되고 있다.

한 연구에서는 초등학교 3~4학년까지는 수업 시간에 적극적으로 손을 들고 발표하려는 경향이 있지만 5학년 무렵부터는 이러한 모습이 줄어든다고 한다. 이는 또래의 시선과 사회적 비교에 대한 민감성이 높아지면서 주목받는 것이 반드시 긍정적인 경험이 아니라는 인식이 자리 잡기 시작하는 지점이다. 발표 후 실수했을 때의 민망함, 친구들의 반응에 대한 불안 등이 복합적으로 작용한다.

다수의 인정보다는 마음 맞는
소수의 공감이 중요한 세대

2024년 대학내일20대연구소의 세대별 가치관 조사에 따르면, Z세대는 삶에서 반드시 갖춰야 할 요소로 멘탈·정신력(61.7%)과 다양한 경험(44.7%)을 중요하게 생각하는 반면, 연인·애인(24.5%)과 멘토(23.%)는 갖추지 않아도 되는 요소로 꼽았다. 같은 조사에서 Z세대는 뚜렷한 취향(19.3%) 역시 중요한 요소로 보고 있었으며, 이는 외부의 인정보다는 자신과 가치관이 맞는 사람들과의 관계를 중시하는 경향을 보여준다. 다시 말해 불특정 다수로부터의 인정보다는 마음 맞는 소수로부터의 공감이 더 중요한 가치가 된 것이다.

이러한 경향은 사회 전반에 걸쳐 다양하게 드러난다. 예컨대, 직장에서의 성과주의, 대입과 취업에서의 과도한 경쟁, SNS에서의 과시적 활동 등이 젊은 세대에게는 스트레스로 작용할 수 있다. 이들은 '드러나고 싶지 않다', '튀고 싶지 않다'는 심리로 인해 일부러 낮은 프로필을 유지하거나, 익명 계정을 활용하거나, 소수의 지인들만 보는 계정을 운영하는 방식을 택하기도 한다. **'조용한 실력자'라는 말이 이 세대에게 매력적으로 느껴지는 이유도 여기에 있다.**

그렇다고 이기고 싶은 마음이 줄어든 건 아니다. 정확하게 말하자면, **자기 의지로 경쟁에 뛰어들어 승리하고 그 승리를 대외적으로 인정받고자 하는 의식이 매우 약해졌다고 볼 수 있다.** 요즘 세대도 '지기 싫다'는 감정은 강하게 자리잡고 있다. 그러나 그만큼 '지는 것이 두렵다'는 감정도 강해졌다.

이로 인해 질 가능성이 조금이라도 있다면 경쟁 자체를 피하겠다는 태도가 나타난다. 경쟁은 해도 무조건 이기는 경우에만 한다는 전제가 붙는다. 다시 말해, 이들이 경쟁한다면 '1전 1승'을 원하지, "경쟁을 통해 성장하자"는 식의 이상주의적 사고에는 반응하지 않는다. 그들에게 경쟁은 성장의 기회가 아니라 자존감이 무너질 수 있는 리스크로 인식된다.

워라벨이 중요한 Z세대

Z세대가 굳이 이기려고 하지 않는 또 하나의 중요한 이유는 그들이 성과보다 의미를 더 중시하는 가치관을 가지고 있기 때문이다. 과거에는 경쟁을 통해 좋은 성적을 얻고, 좋은 대학에 가고, 좋은 직장을 얻는 것이 삶의 성공 방정식처럼 여겨졌다. 하지만 Z세대는 이러한 공식을 점점 더 낡은 것, 혹은 자신과 무관한 것처럼 느낀다. 이들에게 중요한 것은 "내가 왜 이걸 해야 하지?", "이게 나한테 어떤 의미가 있지?"라는 질문에 대한 명확한 답이다. 단순히 남들보다 앞서기 위한 경쟁은 그 자체로 매력을 갖지 못한다.

예를 들어, 어떤 공모전이나 프로젝트에 참여할 기회가 주어졌을 때, 기성세대는 '이겨야 한다', '수상해야 이력이 남는다', '성과가 있는 곳에 의미가 있다'고 생각한다. 반면 Z세대는 '내가 이걸 하면서 재미를 느낄 수 있을까?', '이게 나의 관심사와 연결되는가?', '이 경험이 나에게 어떤 자극을 줄 수 있을까?'를 먼저 따진다. 그리고 이러한 질문에 긍정적인 답이 없다면, 설사 이길 가능성이 높다 하더라도 참여 자체를 포기하는 경우가 많다.

이런 선택은 Z세대가 일과 삶의 균형, 즉 워라밸work-life balance을 그 무엇보다 중요하게 여기는 태도와도 연결된다. 기성세대에게 워라밸은 선택적 종속변수지만 요즘 세대에게는 독립변수다. 이들에게 있어 일은 인생의 전부가 아니다. 오히려 일은 자신이 원하는 삶을 지속 가능하게 하기 위한 수단에 가깝다. 따라서 **아무리 높은 보상이 주어진다 하더라도 그것이 개인의 시간과 에너지를 과도하게 소모시키거나 정신적 번아웃을 초래한다면 매력적인 선택지가 되지 못한다.**

요즘 세대는 업무 외 시간에도 자아를 표현하고 자신만의 세계를 확장하며, 인간관계를 돌보는 것을 중요하게 생각한다. 친구와의 약속, 취미생활, 자기계발, 심지어는 휴식 자체도 내 삶의 일부로서 충분히 가치 있다고 판단한다. 이는 단지 게으름이나 업무 기피가 아니라 스스로의 삶을 주도적으로 설계하고자 하는 적극적인 가치 추구의 표현인 것이다.

세계적인 물리학자의 요즘 세대 공략법

동기의 문제는 단지 환경의 문제만은 아니다. 세계적인 물리학자 리처드 파인먼Richard Feynman은 원자폭탄 개발 프로젝트에 참여했을 때 원자폭탄의 임계질량을 알아내기 위해 전국에서 우수한 고등학생들을 모았다. 그러나 학생들은 이유도 모른 채 반복적인 계산을 계속해야 했고 일은 지루하고 흥미 없었으며, 성과도 저조했다. 이를 본 파인먼은 학생들에게 "여러분이 하는 일은 원자폭탄을 만드는 것이고, 이는 2차 세계대전을 끝내기 위해 필요하다"고 설명했다. 그러자 학생들은 자발적으로 밤늦도록 일했고 새로운 계산 방법을 고안해 내며 계산 속도를 10배나 향상시켰다. 그들에게 의미가 주어졌을 때 비로소 동기가 살아났던 것이다.

이는 단지 개인주의적 성향 때문이 아니라 이들이 바라보는 세상이 훨씬 유동적이고 불확실하기 때문이기도 하다. 이러한 흐름은 억만장자 벤처투자자이자 팔란티어 창업자인 피터 틸Peter Thiel의 통찰과도 맞닿아 있다. 그는 2014년 저서《제로 투 원Zero to One》에서 **"혁신은 경쟁에서가 아니라 독점에서 나온다"**고 주장했다. 틸은 무한한 경쟁 속에서는 서로를 모방할 수밖에 없고 진정한 창의성과 도전은 사라진다고 본다. 반면 독점적인 위치를 차지한 기업이나 개인은 자신만의 방식으로 세상을 바꿀 수 있는 여유와 자원을 갖게 된다. 이는 **요즘 세대가 단순한 승부에서 앞서는 것보다는 자신만의 독창적인 영역과 라이프스타일을 구축하려는 이유와도 연결된다. 즉 이들은 경쟁을 이기기 위해서가 아니라 경쟁에서 벗어나기 위해 스스로의 길을 만들고자 하는 경향을 보인다.** 요즘 세대는 어린 시절부터 경제 불황, 팬데믹, 불안정한 고용 환경 등을 경험하며 성장해왔다. 그들에게

'노력=보상'이라는 공식은 이미 불신의 대상이다. 그렇기에 경쟁에서 승리하는 것보다, '지금 이 순간 내가 즐거운가', '내가 하고 싶은 걸 하고 있는가'가 훨씬 더 중요한 평가 기준이 된다.

이러한 의미 중심의 태도는 단기적인 성과보다는 장기적인 삶의 방향성에 집중하게 만든다. 요즘 세대는 조직 내에서 빠르게 승진하거나 성과를 쌓는 것보다 내가 하는 일이 나와 맞고 내가 지닌 가치관과 조화를 이루며, 삶의 일관성과 자율성을 보장받을 수 있는지를 더 중요하게 생각한다. 그래서 이들은 때때로 "성장 욕구가 없다", "야망이 없다"는 오해를 받기도 하지만 사실은 "내가 원하는 방식으로 성장하고 싶다"는 내면의 확고한 기준을 가지고 있는 것이다.

불확실성에 대한 학습된 무력감

요즘 세대는 어린 시절부터 불확실성과 예측 불가능성의 중심에서 자라왔다. 그들에게 세상은 단순히 확률이 맞는 대로 돌아가는 기계적 시스템이 아니라 끊임없이 변화하고 불안정한 요소들이 얽혀 있는 복잡한 네트워크처럼 느껴진다. 전통적인 사회 구조와 경제 시스템이 흔들리고 예측할 수 없는 사건들이 빠르게 일어난다. 때문에 요즘 세대는 자신의 노력만으로는 세상을 바꿀 수 없다는 강한 인식을 내면에 새기게 되었다.

요즘 세대의 성장 과정은 거대한 글로벌 사건들과 긴밀하게 연결되어 있다. 이들이 어린 시절에 접한 경제적 위기, 팬데믹, 기후 변화는 단순한 외부 환경이 아니라 그들의 심리와 세계관에 직접적인 영향을 미쳤다. 2008년 글로벌 금융위기는 그중에서도 가장 뚜렷한 시작점이었다. 부모 세대가 겪은 실업, 소득 불안정, 급변하는 경제 환경은 자녀들에게 경제란 언제든 무너질 수 있는 것이라는 감각을 심어주었다. 이 감각은 단지 경제적 불안으로 끝나지 않고 노력해도 예측 불가능한 현실이 결과를 좌우한다는 세계관으로 확장되었다.

이어진 2020년 코로나19 팬데믹은 이 인식을 더욱 공고히 했다. 갑작스럽게 모든 계획이 멈추고 일상이 중단되며, 개인의 의지나 준비와 무관하게 세상이 급변하는 모습을 전 세계가 동시에 경험했다. 특히 청소년기와 대학 생활, 취업 준비 과정 중에 팬데믹을 맞이한 세대는 "아무리 준비해도 아무 의미 없을 수 있다"는 사실을 몸으로 체감했다.

기후 변화는 Z세대에게 있어 더욱 근본적인 무력감을 안겨주는 요인이다. 폭염, 미세먼지, 산불, 해수면 상승 같은 현상은 단순히 뉴스 속 사건이 아니라 이들의 일상과 생존에 직접 연결된 현실이다. '지구가 멸망할 수도 있다'는 메시지를 초등학생 때부터 반복적으로 접한 세대는 더 이상 막연한 희망을 품기보다는 미래에 대한 본능적인 불안을 안고 살아간다.

기술 변화도 마찬가지다. 기하급수적으로 성장하고 있는 인공지능과 자동화 기술은 요즘 세대에게 또 다른 형태의 불확실성을 제공한다. "우리는 어떤 직업을 준비해야 할까?", "내가 배운 기술이 5년

후에도 유효할까?"와 같은 질문들이 요즘 세대에게는 매우 현실적인 고민이다. 기성세대는 어느 정도의 준비와 노력이 안정적인 경력으로 이어졌지만 지금은 그 공식이 더 이상 통하지 않는다. 기술의 변화 속도가 개인의 역량 속도를 초월하면서 장기적인 계획이 무의미하게 느껴지기도 한다. 이러한 사건을 목격하고 또 직접 경험하면서 개인의 노력과 계획이 아무리 철저하더라도 모든 것이 무너질 수 있다는 사실을 깨닫게 되면서 그들의 세계관에 깊이 뿌리내리게 되었다.

이러한 배경 속에서 요즘 세대는 더 이상 **'노력은 보상으로 이어진다'**는 신화를 쉽게 믿지 않는다. 이들은 경쟁이나 승부를 통해 얻는 결과보다, 삶의 질이나 과정 속에서의 의미를 더 중시하려는 경향을 보인다. **미래가 불확실하고 결과가 예측 불가능할수록 '어떻게 살아갈 것인가'에 대한 질문은 '무엇을 성취할 것인가'보다 더 근본적인 관심사가 되기 때문이다.**

불확실한 세상의 생존 방식, 잡 크래프팅

이 과정에서 등장하는 개념이 바로 **'잡 크래프팅**Job Crafting**'이다. 이는 조직으로부터 주어진 업무를 수동적으로 받아들이는 것이 아니라 자신의 관점에서 재해석하고 가치를 부여하여 스스로 의미 있는 일로 전환하는 능동적 태도를 말한다.** 단순히 '내가 하고 싶은 대로 한다'

는 의미가 아니라 환경을 고려하되 그 안에서 자기만의 의미 체계를 세우는 실천이다.

요즘 세대는 상명하복식 지시보다는 자신의 일에 스스로 정체성과 목적을 부여할 수 있는 여지를 원한다. 잡 크래프팅은 이러한 니즈를 충족시키는 실질적인 전략으로 작용하며, 불확실한 세상 속에서도 자기 일을 살아 있는 일로 만드는 방식이 된다. 다시 말해, 이들은 불확실성 속에서 의미라는 좌표를 통해 자신을 중심에 세우고자 하는 것이다. 그렇기에 다른 사람에게 명령하거나 타인의 방향을 이끄는 리더십 역할을 거부감 있게 느낄 수 있다. 누군가에게 일을 시킨다는 것은 곧, 타인의 가치 체계를 침해하는 일처럼 느껴지기 때문이다.

결국, 이들은 불확실한 세상 속에서 자기만의 방식으로 의미를 찾으려 한다. 이러한 심리적 전환은 단순히 패배를 두려워하거나 책임을 회피하는 것이 아니다. 오히려 통제할 수 없는 세계 속에서 자신의 정체성과 삶의 주도권을 지키기 위한 전략적 반응이라 볼 수 있다. 무력감이 깊어질수록 그 반작용으로써 경쟁 자체를 거부하거나 무관심해지는 태도는 오히려 자기방어적 생존 기술로 기능하는 것이다.

좋은 사람 콤플렉스

A는 30대 초반의 팀장이다. 팀원들과의 관계를 무엇보다 중요하게 여기는 그는 누군가로부터 나쁜 사람이라는 평가를 받을까 늘 걱정이다. 팀원 B가 실수를 반복해도 그는 "괜찮아, 다음엔 더 잘할 수 있어"라는 말 외에는 어떤 지적도 하지 않는다. 그의 리더십 스타일은 '문제해결형'이 아니라 '관계 유지형'이다. 하지만 시간이 지나자 팀 내 갈등은 오히려 증폭되었고 '방임형 리더'라는 평가까지 듣게 되었다. 팀원들은 그의 배려심보다는 회피하는 태도에 더 주목한 것이었다. 이러한 성향을 심리학에서 '좋은 사람 콤플렉스Good Person Syndrome'라고 한다. 이는 외현적 자기존중감Contingent Self-Esteem에 기반하는데, 자신의 자존감을 내면의 확신이 아니라 타인의 인정에 의존하는 심리 상태를 의미한다. 즉 좋은 사람으로 인정받고자 하는 욕망이 너무 강해 타인의 기대에 지나치게 민감해지고 그 기대를 어기지 않기 위해 자기표현이나 피드백을 억제하게 되는 것이다.

이 사례는 오늘날 조직 내에서 흔히 발견되는 리더십 회피 현상을 상징적으로 보여준다. 특히 요즘 세대 리더들 사이에서 좋은 사람으로 보이려는 강박은 책임 회피, 피드백 기피, 결정 미루기 등 다양한 형태로 나타난다. 이들은 권위를 행사하는 순간 나쁜 사람이 될까 봐 리더의 자리를 주저하고 조직 내 갈등 상황에서도 단호한 선택보다는 선택적 공감과 배려를 우선한다.

카리스마보다는 공감이 요구되는 리더

이는 과거의 리더상과 뚜렷하게 대조된다. 영화《악마는 프라다를 입는다》에 등장하는 편집장 미란다는 패션 매거진 '런웨이'를 성공으로 이끈 강력한 리더다. 그녀는 프로페셔널리즘과 완벽주의를 바탕으로 직원들에게도 높은 기준을 요구한다. 지나치게 냉철하고 까다롭다는 평가를 받지만 그녀의 리더십 스타일은 잡지의 품질과 영향력을 끌어올리는 데 결정적인 기여를 했다. 미란다와 함께 일한 직원들 대부분은 혹독하지만 실무적인 피드백 속에서 업계 최고 수준의 역량을 쌓아갔다. 이처럼 냉정한 피드백과 단호한 결정이 오히려 구성원에게 성장의 기회를 주는 경우도 있다. 리더십은 감정적 편안함을 제공하는 것만으로 완성되지 않는다. 구성원의 성장을 돕는 실질적 조율과 기준 제시가 반드시 필요하다.

그런데 요즘은 편집장 미란다와는 반대로 외현적 자존감이 두드러지는 시대다. 사회도 조직도 착한 사람을 원한다. 필요에 의해 움직이고 상황에 맞게 행동하되 불평하지 않는 사람, 소외되거나 무시당해도 싫은 내색 하지 않고 그날이 그날인 것처럼 있는 사람, 시키는 일은 목숨을 다해 감당하지만 도를 넘지 않는 사람, 성과에 비해 터무니없는 대가를 받지만 그것조차도 감사하며 순응하는 사람, 그런 사람을 원한다. 이러한 이상적인 착한 사람의 기준은 조직 구성원들에게 눈에 보이지 않는 압력으로 작용하고, 특히 리더 역할을 수행하는 이들에게는 '갈등을 만들지 않는 리더', '항상 이해심 깊고 포용적인 리더'라는 기대치를 만들어낸다.

특히 요즘 세대는 어릴 적부터 "착하다", "공감 잘한다", "분위기를 잘 읽는다"는 칭찬을 들어왔고, SNS를 통해 '좋아요', 댓글, 공유 수 등 타인의 반응에 민감한 환경에서 성장해왔다. 이들은 사회적 피드백의 흐름 속에서 자신을 끊임없이 조율해야 했고, 그 결과 '좋은 사람' 이미지에 집착하게 되었다. 이러한 특성은 단지 개인의 성격 문제가 아니라 세대적 문화 코드에서 비롯된 정서적 흐름이다. 기성세대가 성과 중심, 위계 중심의 리더십을 경험했다면, 요즘 세대는 감정 중심, 관계 중심의 문화 속에서 성장했다. 교육현장에서도 정답보다 감정 이해를, 질책보다 공감을 우선하는 분위기가 조성되고 있다.

유튜브, 인스타그램, 틱톡 등에서 인기 있는 인물들은 대부분 공감형 조언자이거나 친근한 서포터 이미지다. '불도저형 리더'나 '카리스마 권위자'는 구시대적 이미지로 여겨지고, 오히려 정서적 안정감을 주는 존재가 리더의 요건으로 간주된다. **그 결과, 조직 내에서도 리더는 더 이상 단호한 결정권자가 아닌 모두의 감정을 조율하고 상처 주지 않는 감정 관리자로 요구받는다.**

좋은 사람과 좋은 리더는 다르다

좋은 사람 콤플렉스가 늘 좋은 면만 있는 것은 아니다. 좋은 사람에 대한 집착이 오히려 리더로서의 역할 회피로 이어진다는 점이다. 피드백은 미루고 책임은 분산시키며, 결정을 내리지 못한 채 시간을 끌게 된다. 겉으로는 배려처럼 보이지만 본질적으로는 갈등을 회피하고 스스로의 이미지 보호에 몰두하는 심리 구조다. 이것이 심화되면 리더 포비아로 이어진다.

책임의 순간이 오면 좋은 사람 콤플렉스는 더욱 두드러진다. "이건 우리가 함께 결정한 일이니까.", "나 혼자 책임질 수는 없잖아."처럼 책임을 회피한다기보다는 슬쩍 모두에게 나누는 방식이다. 겉보기에 민주적인 의사결정처럼 보이지만 실제로는 비난 가능성을 줄이고 싶은 무의식적 자기방어다. 리더라는 자리는 결국 감정의 불편함을 떠안는 자리다. **좋은 사람 콤플렉스가 심화될수록 그 감정을 감당할 수 없게 되고 리더로서의 실질적 권한과 역할을 회피하는 구조로 빠져든다.**

좋은 사람 콤플렉스는 팀원이 실수했을 때도 부드럽게 넘어간다. 무리한 요청이 들어와도 "일단 해보자"며 받아들인다. 팀 내 불협화음이 감지되어도 "그냥 시간이 지나면 괜찮아질 거야"라며 중재를 미룬다. 그 모습은 마치 사람을 소중히 여기는 따뜻한 리더처럼 보일 수 있다. 하지만 이면을 들여다보면 그것은 타인을 위한 배려가 아니라 자기 자신을 위한 심리적 방어일 때가 많다. 갈등을 직면하는 게 두렵고 누군가를 실망시키는 게 불안하며, 누군가에게 나쁜 사람처럼 보이는 것이 싫은 것이다. 좋은 사람 콤플렉스는 결국 나쁜 사람으로 보이지 않기 위한 이미지 보호 기제로 작동한다.

결국 좋은 사람 콤플렉스는 리더십을 발휘하는 순간 누군가에게 상처를 줄지도 모른다는 불안감이 생기고 그로 인해 리더가 되기를 꺼리거나 리더가 되더라도 실질적 권한을 행사하지 못하는 구조에 빠진다. 책임을 진다는 것은 결국 감정을 다룰 줄 알아야 하는 일이며, 이를 피하려는 무의식이 작동하는 것이다.

좋은 사람 콤플렉스를 극복하는 법, 자기 긍정감

좋은 사람 콤플렉스가 뿌리내리는 가장 큰 토양은 타인의 인정에 대한 갈망이다. 특히 요즘 세대는 칭찬, 공감, 인정, '좋아요'를 비롯해, 끊임없이 외부로부터 "너 괜찮은 사람이야"라는 메시지를 받고자 한다. 이 콤플렉스는 단지 착한 성격의 문제가 아니다. 그것은 인정 욕구에 의해 만들어진 사회적 중독 증상에 가깝다. 이 중독에서 벗어나기 위해서는 자기 내면의 중심을 되찾는 훈련이 필요하다.

우리가 한 가지 알아야 할 희망적인 관점은 좋은 사람 콤플렉스는 만들어진 습관과 성격이라는 점이다. 뇌 가소성의 원리에 따르면 우리의 뇌는 끊임없이 변화할 수 있는 가소성을 가지고 있으며, 성격으로 표현되는 뇌 신경망 역시 지속적인 훈련과 반복을 통해 바뀔 수 있다. 즉 우리는 지금의 성향에 갇혀 있는 존재가 아니라 새로운 리더십 정체성과 태도를 연습하고 확장해나갈 수 있는 존재다. 이것은 단순한 자기계발의 긍정적 수사가 아니라 신경과학적으로도 뒷받침되는 변화 가능성이다.

"남의 마음에 들기 위해 산다는 건 엄청난 잘못이다." 이 문장은 좋은 사람 콤플렉스를 극복하고자 하는 이들에게 필요한 심리적 선언이다. **'착하게 살아야 한다'는 내면의 목소리에 맞서 "나는 타인의 기준이 아니라, 나만의 기준으로 살겠다"라는 자기 긍정을 매일 반복해서 스스로에게 되새길 필요가 있다.** 여기서 중요한 점은 Z세대를 대상으로 한 심리 조사에서, 예상과 달리 '커뮤니케이션 능력'보다 더 낮은 항목이 '자기 긍정감'으로 나타났다는 사실이다.[13] 이 결과는 디지털 환경에 익숙한 요즘 세대의 겉모습과는 달리 내면에는 자신에 대한 깊은 불안과 불신이 자리하고 있음을 시사한다. 즉 외적인 인정 욕구와 타인의 평가에 지나치게 의존하다 보니 자기 긍정감이 약해지며 내면의 불안이 커지게 되는 것이다.

자신의 부족함에 얽매이지 말자

좋은 사람 콤플렉스를 극복하기 위한 또 하나의 중요한 전환점은 자신의 부족함을 직시하면서도 그것에 얽매이지 않는 태도다. 우리는 스스로의 약점을 들여다볼 때 "이래서 나는 부족해"라며 자신을 과도하게 검열하거나 반대로 완벽을 향해 강박적으로 달려간다.

대기업 입사 5년 차 팀원인 김 대리의 사례를 들어보자. 그는 발표 자리에서 자신감이 없어 보인다. 부서장이 "피드백해 줘도 돼?"라고 말해도 늘 "저는 아직 많이 부족해서요"라며 물러선다. 김 대리는 자신이 완벽하지 않은 리더 후보라는 인식 때문에 애초에 리더의 역할을 시도조차 하지 않는다. 그의 열등감은 겸손처럼 보이지만 실제로는 책임과 역할을 피하려는 또 다른 형태의 방어다.

혹자는 "부족한 사람의 장점은 남에게 기쁨을 줄 수 있다는 것이다."라는 역설적인 말을 남겼다. 당신이 완벽하거나 좋은 사람이 되지 못한 탓에 오히려 주변 사람들은 편안함을 느끼고 당신과 함께 일하는 데서 기쁨을 얻고 당신이 완벽하거나 좋은 사람이 되기를 추구하다 보면 오히려 그들과의 관계가 소원해진다는 말이다. 즉 완벽하지 않기 때문에 우리는 공감을 불러일으키고 타인에게 기회를 주며, 관계 속에서 함께 성장할 수 있다는 것이다.

좋은 사람 콤플렉스를 벗어난다는 것은 단순히 냉정해지거나 비호감이 되라는 뜻이 아니다. 그것은 타인의 기대를 충족시키기 위한 리더십이 아니라 자신의 가치를 중심에 둔 리더십을 선택하는 것이다. 공감하되 경계는 지키고, 배려하되 기준은 세우며, 관계를 유지하되 나를 지우지 않는 것. 이것이 진정한 요즘 세대들이 요구하는 리더의 태도다.

나는 내 운명의 지배자다!

어느 날, 중견 카페를 운영하는 박 대표는 오랫동안 눈여겨본 아르바이트생에게 정식 직원이 되어보지 않겠냐고 제안했다. 커피 내리는 솜씨도, 손님 응대도 훌륭했던 젊은이었다. 박 대표는 그가 언젠가는 매장 운영까지 맡아줄 수 있겠다고 생각했지만 그의 대답은 단호했다. "정사원이 되면 쉽게 그만두지 못하잖아요."

또 다른 사례를 살펴보자. 한 스타트업에서 일하던 Z세대 A씨는 상사로부터 "이번 프로젝트의 책임자가 되어보지 않겠냐"는 제안을 받았다. 그의 성과를 높이 평가한 결과였다. 그러나 A씨는 며칠 뒤 사직서를 제출했다. 이유는 간단했다. "책임자가 되면 자유롭지 않잖아요. 마음대로 여행도 못 가고, 콘서트도 못 가요."

이 두 사례는 한 가지 공통된 메시지를 전한다. 자기 일은 스스로 결정하고 싶다는 것이다. 기성세대는 이런 태도를 보며 "요즘 애들은 의지가 약하다", "너무 자기 멋대로다"라고 생각할 수 있다. 하지만 요즘 세대의 관점에서 보자면, 이는 책임 회피가 아니라 자기 결정권에 대한 요구다. 일의 방향, 책임의 무게, 삶의 우선순위를 스스로 선택하고 싶다는 것이다. **오늘날의 젊은 세대, 특히 Z세대는 자기 결정권을 단순한 권리가 아니라 삶의 핵심 가치로 여긴다. 그들은 직업 선택, 퇴사 시점, 업무 방식, 심지어 피드백을 받는 방식까지 스스로 정하길 원한다.** 누군가의 지시에 따라 움직이는 것에 강한 거부감을 보이며 조직의 요구보다 자신의 선택 가능성을 더 중요하게 여긴다. '정사원이 되면 자유롭게 떠날 수 없다'는 이유로 안정된 직장을 거절하고, '책임을 지는 순간 내 시간이 사라진다'는 이유로 프로젝트 리더를 피한다. 이처럼 책임과 안정이 더 이상 기회로 받아들여지지 않는다. 오히려 자유를 침해하는 속박으로 인식된다.

이러한 경향은 대략 2010년대 중후반부터 점차 뚜렷해졌다. 스마트폰과 SNS로 대표되는 디지털 네이티브 세대는 언제 어디서나 정보를 얻고 일정을 관리하며 사람들과 연결되어 있다. 이들에게 즉각적인 선택 가능성과 통제권은 일상이자 표준이다. 클릭 한 번으로 앱을 지우듯, 일자리도 삭제할 수 있어야 하고, 라이프스타일에 맞지 않는 조직은 언인스톨 대상이 된다. 중요한 건 조직의 요구가 아니라 내가 지금 원하는 방향에 얼마만큼 가까운가이다.

안정보다는 자유와 유연성을 우선시하는 젊은 세대

경제적 불확실성과 변화하는 노동시장도 영향을 끼쳤다. 전통적인 직업 안정성과 평생직장의 개념이 약화되면서 요즘 세대는 안정보다는 자유와 유연성을 우선시한다. 다양한 직업을 쉽게 선택하고 시장 변화에 따라 빠르게 이동하는 능력은 생존 전략으로 여겨진다. 안정된 직장은 더 이상 기회가 아니라 제약이며 속박이다.

2022년 한국고용정보원이 15세 이상 전국 5,786명을 대상으로 조사한 결과에 따르면, Z세대를 포함한 요즘 세대들은 직업 선택 시 '자율성'과 '일과 삶의 균형'을 중요한 요소로 뽑았다. 특히, '일과 삶의 균형'은 5점 만점에 4.23점으로 가장 높은 평가를 받았으며, '자율성'은 3.59점으로 중상위권에 위치했다.[14] 또한, 대학내일20대연구소의 2022년 보고서에 따르면, Z세대 직장인 중 40.4퍼센트가 '쉽게 취업할 수 있는 분야'를 현재 직업을 선택한 이유로 꼽았다.[15] 이는 요즘 세대가 조직의 안정성보다 개인의 자유와 선택권을 중시하는 경향을 보여준다.

요즘 세대가 항상 옳은 선택지를 택할 수 있기 때문에 자기결정을 권장하는 것이 아니다. '나는 내 운명의 지배자'라는 자존감이 그들의 선택 방식의 중심에 있다. 이 말은 단순한 자기애가 아니다. 외부 환경보다 자신의 판단을 더 신뢰하는 태도에서 비롯된다. 빠르게 변하는 시대 속에서 살아남기 위해 이들은 자기 삶을 스스로 조율할 수 있어야 한다고 믿는다.

이들은 안정된 조직이나 오래 다닐 수 있는 직장보다 그때그때의 삶의 우선순위에 맞춰 선택을 내릴 수 있는 유연한 환경을 선호한다. 예측 불가능한 세상에서 살아남기 위해 무엇보다 자신의 삶을 스스로 조율할 수 있어야 한다는 신념이 강하다. 그 신념은 곧 자기

결정의 연습이 곧 생존의 전략이라는 인식으로 이어진다.

딜버트의 법칙

1990년대 초, 미국 직장인들 사이에서 큰 인기를 끌었던 신문 연재만화가 있다. 샐러리맨 출신의 만화가 스콧 애덤스가 그린《딜버트 Dilbert》다. 이 작품은 자기 업무용 칸막이 안에 갇혀 무기력한 일상을 살아가는 직장인들의 현실을 날카롭고도 시니컬하게 풍자했다. 주인공 딜버트는 IQ 170의 천재 엔지니어지만 무능한 상사 밑에서 바보 취급을 당하며 번번이 좌절을 겪는다. 만화는 '권한 위임', '성과주의', '리엔지니어링'과 같은 경영 트렌드의 허구성을 꼬집으며 위계적인 조직문화의 부조리와 경영진의 무능을 유쾌하게 비판했다.

이 만화로부터 탄생한 조직이론이 바로 '**딜버트의 법칙**Dilbert Principle'이다. 이 법칙은 "**조직은 가장 무능한 사람을 가장 해를 덜 끼칠 수 있는 부서, 즉 관리 부서로 승진시킨다**"는 아이러니를 담고 있다. **창의성과 혁신을 두려워하고 변화에 저항하는 조직은 유능한 인재보다 말을 잘 듣고 기존 질서에 순응하는 인물을 더 신뢰하며 승진시킨다는 것이다.** 이 과정에서 무능한 인물이 오히려 중요한 자리에 앉고, 유능한 인재는 오랜 시간 현장에 남게 되는 조직의 역설이 벌어진다. 딜버트는 바로 이런 환경 속에서 생존을 위해 적절히 눈치를 보고 과도한 기대를 피하며 버티는 법을 익힌 인물이다. 현실에 순응한 듯 보이지만 사실은 냉소와 자조를 통해 자신을 지키는 방식으로 무기력한 유능함의 아이콘이 되어간다.

그렇다면 이런 구조 속에서 리더는 어떤 존재인가? 이상적으로는 권한을 가지고 방향을 제시하는 주체여야 하지만 현실에서는 책임만 떠맡고 권한은 제한된 희생양 포지션으로 전락하기 쉽다. 특히, 위에서 내려오는 결정과 아래로부터의 불만 사이에서 끊임없이 줄타기해야 하는 중간관리자 포지션은 더욱 그러하다.

이러한 조직의 현실을 이미 체감하고 있는 요즘 세대, 특히 Z세대는 리더가 되는 것을 기회가 아닌 부담으로 받아들인다. 리더 포비아는 단지 책임을 회피하고 싶다는 의미가 아니라, 왜곡된 구조에서 자신의 삶을 지키고자 하는 일종의 생존 전략에 가깝다. 딜버트의 법칙이 보여주는 것처럼 리더는 실질적 권한 없이 조직의 비효율을 떠안는 역할로 인식되며, 이는 기피의 자리로 인식되기 시작했다. 이와 맞물려, 앞서 제시한 바와 같이 요즘 세대는 자기 삶의 주도권을 무엇보다 중요하게 여긴다.

딜버트의 법칙은 어쩌면 요즘 세대가 리더가 되기를 꺼리는 근본적인 이유를 설명해주는 하나의 해답이 될 수 있다. 세상은 바뀌었지만 조직은 크게 바뀌지 않았다. 그 안에서 '리더가 된다'는 것은 시스템 안의 구조적 모순을 고스란히 떠안는 일로 여겨진다. 이처럼 현실에 대한 날카로운 인식과 생존을 위한 자기결정권의 강조가 맞물리면서 오늘날의 젊은 세대는 리더가 되기보다는 자기 삶의 주체로 남기를 택한다.

자기결정권의 확장으로 나타나는 현상들

딜버트의 법칙은 조직이 얼마나 무능한 시스템을 유지하는 데 익숙한지를 폭로했다. 무능력한 상사가 승진하고, 유능한 인재가 현장에서 고립되는 조직 구조 속에서, 리더가 되는 것은 더 이상 영광이 아닌 회피 대상이 되었다. 요즘 세대를 중심으로 이러한 구조적 모순에 대한 불신은 개인의 자기결정권을 핵심 가치로 부상시키는 배경이 되었고, 이로 인해 새로운 트렌드들이 쏟아지고 있다. 그중 대표적인 트렌드가 '마이크로 은퇴Micro Retirement', '시끄러운 퇴사Loud Quitting', '대퇴사 시대The Great Resignation', '노바디 워크Nobody Works', '디지털 노마드Digital Nomad' 등이다.

최근 미국 Z세대를 중심으로 마이크로 은퇴가 새로운 트렌드로 주목받고 있다. 이는 몇십 년을 일한 후 한 번에 은퇴하는 전통적인 모델과 대조되는 개념으로 인생 후반부까지 기다리지 않고 일하는 동안 짧고 빈번한 은퇴 기간을 갖는다. 즉 퇴사나 휴직을 통해 재충전의 시간을 갖고 길게는 1~2년 여행이나 자기계발, 취미생활 등에 몰입하는 것이 특징이다.

26세의 브리트니 폴리Brittney Foley는 마이크로 은퇴를 선택한 여성이다. 그녀는 "내 나이 또래의 다른 사람들과 함께 있을 때, 승진과 임금 인상을 쫓아야 한다는 압박감이 너무 크고 모두가 너무 지쳐 있다"고 말하면서, "원하는 것은 무엇이든 할 수 있는 나이이기 때문에 자녀가 없을 때 인생 초기에 작은 경력 단절을 갖는 것이 가능하다"고 언급했다.

마이크로 은퇴는 Z세대가 주로 사용하는 틱톡에서도 큰 화제가 되고 있고 있다. #MicroRetirement, #MiniRetirement, #CareerBreak 등의 해시태그를 단 영상이 점점 늘어나고 있으며, 수많은 Z세대가 자신의 마이크로 은퇴 경험을 공유하고 있다. 팔로워 약 3만 6천 명을 보유한 20대 틱톡커 아다마 로우나Adama Louna는 자신의 영상에서 "세계 여행을 하기 위해 60세나 70세가 될 때까지 기다리는 것보다는 젊음과 에너지가 있을 때 떠나는 것을 추천한다"는 메시지를 전하며, 마이크로 은퇴 트렌드를 지지하고 있다.

국내에서도 "회사 그만두고 1년 동안 유럽 여행 다녀왔어요!", "이렇게 저축하면 6개월 동안 쉬면서 여행할 수 있어요!", "퇴사 후 제주도 한 달 살기, 이렇게 준비했어요!"와 같은 다양한 콘텐츠 유형과 메시지가 등장하면서 Z세대 사이에서 일과 삶의 균형을 중시하고 젊을 때의 경험과 자기계발을 중요시하는 가치관과 맞물려 큰 공감을 얻고 있다.

고용시장의 새로운 트렌드, 시끄러운 퇴사도 주목받고 있다. 미국의 여론조사 기관 갤럽이 전 세계 직원 12만 명 이상을 대상으로 실시한 보고서에 따르면, 직원의 5명 중 1명이 라우드 퀴팅으로 회사를 그만두거나 업무에 대한 관심을 잃고 있는 것으로 나타났다. 2023년에 조용한 퇴사의 개념을 담은 '콰이어트 퀴팅Quiet Quitting'이 소셜 미디어 플랫폼 틱톡으로 중심으로 화제가 되더니, 2024년부터는 라우드 퀴팅이 직장내 트렌드로 자리잡게 된 것이다. 요즘 세대를 중심으로 한 라우드 퀴팅은 경영진의 방침에 동의하지 않거나 회사에 대한 불만이 많아 회사를 떠날 때 조직, 관리자, 동료를 의도적으로 훼손할 목적으로 자신이 왜 퇴사하는지 그 이유를 설명하거나 퇴사 과정에서 일어난 일을 거침없이 외부에 공개한다.

그 외에도 **의미 없는 조직에 소속하기보다는 퇴사를 선택하며 더 나은 삶의 방향을 스스로 설계하려는 대퇴사 시대, 최소한의 노력으로 생계를 유지하며 일 자체를 인생의 중심에서 밀어내려는 태도인 노바디 워크, 물리적 조직에 얽매이지 않고 장소에 구애받지 않는 유연한 삶과 일을 지향하는 방식인 디지털 노마드 등 자율성과 자기결정권의 대표적인 실천 방식들이 다양한 형태로 지속적으로 확장되고 있다.**

조직문화에 리스크가 될 수 있는 라우드 퀴팅

조직은 요즘 세대들의 트렌드를 결코 가볍게 여겨서는 안 된다. 미국의 여론조사 기관 갤럽에 따르면, 라우드 퀴터Loud Quitter가 증가할수록 세계 경제는 연간 약 8조 달러의 손실을 입는 것으로 나타났다. 이는 전 세계 GDP의 9퍼센트에 해당하는 어마어마한 수치다. 더욱 심각한 문제는 라우드 퀴팅이 단순한 이직 현상을 넘어 조직문화 리스크로 확장될 수 있다는 점이다. 2023년, 미국의 정보통신기술 기업인 클라우드플레어CloudFlare에 근무했던 한 직원이 퇴사 이유를 담은 영상을 SNS에 올리자 해당 영상은 순식간에 퍼졌고 결국

CEO가 직접 사과문을 발표하는 일까지 벌어졌다. 이처럼 구성원이 퇴사를 알리는 방식은 이제 내부 공지가 아닌 대중 앞에서의 공개 발언으로 바뀌고 있다. 그들이 회사를 떠나는 순간까지도 메시지를 던지고 있는 셈이다.

라우드 퀴팅은 기업의 신뢰 기반을 근본부터 흔든다. 일부 경우, 퇴사자가 자신의 경험을 과장하거나 왜곡되게 전달할 수 있다. 그러나 이러한 주장이 사실 여부와 관계없이 온라인상에서 기업의 이미지와 브랜드에 장기적인 타격을 남기는 것은 피할 수 없다. 심각한 경우, 부패나 인권 침해와 같은 내부 고발로 이어질 수도 있으며, 이는 단지 평판 리스크에 그치지 않고 법적 분쟁, 고객 이탈 등으로 이어질 가능성도 크다.

기성세대는 몰랐다, 요즘 세대의 번아웃

취업난을 뚫고 겨우내 목표로 삼았던 대기업에 입사한 30대 직장인 A씨. 입사 3년 차가 된 지금, 그녀는 점점 일에서 재미를 잃고 무기력감에 빠져 있다. "요즘은 그냥 아무것도 하고 싶지 않아요. 하루하루 버티긴 하는데 앞으로의 인생이 전혀 그려지지 않아요. 회사도 자꾸 그만두고 싶다는 생각이 드는데, 그냥 참고 있어요. 그런데 정말 이대로 쉬어도 되는 건지, 퇴사해도 되는 건지 모르겠어요. 미래가 너무 불안해요."

비슷한 고민은 경력 6년 차인 B씨도 마찬가지다. 젊은 시절 내내 주말도 반납하고 일에 몰두했던 그는 결국 한계에 다다랐다. "언젠가부터 모든 게 멈춰버렸어요. 일도 재미없고 의욕도 없고 도대체 왜 이렇게까지 하며 살아야 하나 싶더라고요. 결국 회사를 그만두기로 했어요. 이건 단순한 피로가 아니라, 삶 전체에 대한 회의감 같았어요."

성장에 대한 집착이 만든 번아웃

요즘 세대에게 성장은 더 이상 선택이나 자기만족의 문제가 아니다. '성장하지 않으면 도태된다'는 메시지는 교육 현장에서부터 커리어 전선, 심지어 인간관계에 이르기까지 삶의 모든 국면에 깊숙이 침투한 규범이 되었다. 학교는 진학과 스펙을 강조하고 기업은 러닝 커브Learning Curve를 관리하며 사회는 끊임없이 자기계발 중독자를 양산한다. 성장은 더 나은 나를 위한 것이 아니라 뒤처지지 않기 위한 방어적 선택이 되어버린 것이다. 그런데 이 성장 지상주의에는 치명적인 함정이 있다. 바로 성장의 방향이 불명확하거나 그 속도를 스스로 조절할 수 없을 때 사람은 쉽게 방향감각을 잃고 무력감에 빠진다. 과거에는 일정한 노력이 일정한 결과로 이어졌지만 요즘 세대는 '성장을 해도 보장되는 게 없다'는 현실을 체감하고 있다. 스펙을 쌓아도 취업이 어렵고 실력을 키워도 보상은 기약이 없다. 이 불확실성 속에서 성장은 축복이 아니라 끊임없는 자기 증명의 강박으로 작동한다. 때문에 **'성장해야 산다'는 말은 곧 '멈추면 끝'이라는 공포와 연결된다. 하지만 방향도 없이 달리기만 한다면 번아웃은 필연적이다.**

요즘 세대에게 번아웃은 더 이상 낯선 단어가 아니다. 2023년 잡코리아가 직장인 342명을 대상으로 실시한 '번아웃 증후군 경험' 설문조사에 따르면, 전체 응답자의 69퍼센트가 번아웃을 경험했다고 응답했다. 특히 30대 직장인 중 75.3퍼센트가 번아웃을 겪었다고 밝혀, 이 연령대에서 가장 높은 비율을 보였다. 미국도 비슷한 양상을 보인다. 미국 뉴욕포스트는 토커 리서치Talker Research의 설문조사에 따르면, Z세대의 68퍼센트, 밀레니얼 세대의 61퍼센트가 번아웃을 겪고 있다고 보도했다. 반면 X세대는 47퍼센트, 베이비부머 세대는 30퍼센트만이 번아웃을 느낀다고 응답해 세대 간 차이가 뚜렷하게 나타났다.[16] 이처럼 개인의 정신적 탈진이 일상화된 시대, 그 여파는 개인의 삶을 넘어 조직과 사회 전반에까지 미치고 있다. 세계경제포럼WEF은 번아웃으로 인한 생산성 저하로 연간 3,220억달러(약 420조 원) 손실이 발생하는 것으로 추정된다.[17]

번아웃에 대한 기성세대와의 인식차

요즘 세대가 번아웃을 겪는 것만큼 그들과 함께 일하는 기성세대 역시 결코 힘들지 않은 것이 아니다. 특히 팀을 이끌고 조직을 지탱해 온 기성세대는 요즘 세대들의 일에 대한 태도와 반응에 낯섦과 피로를 동시에 느낀다.

기성세대는 속으로 이런 의문을 품는다. "우리가 입사하던 시절엔 힘들어도 참고 버텼는데, 왜 요즘 친구들은 조금만 힘들어도 금방 그만두는 걸까?" 그들에게 직장 생활이란 본래 스트레스가 따르는 것이며 불합리와 압박을 견디는 것이 일종의 성장통이었다. 회식이 일상이었고 야근은 의무에 가까웠으며 감정표현 없이 참고 일하는 조직문화 속에서 조직이 유지되던 시절이었다. 이런 경험이 있는 기성세대의 눈에는 지금의 업무 환경은 오히려 한결 '편해졌다'고 느껴진다. 정시 퇴근이 보장되고 야근이나 주말 근무가 사라졌으며 업무 지시도 절차적이고 부드러워졌다. 그런 환경 속에서도 힘들다며 퇴사를 고민하거나 번아웃을 호소하는 요즘 세대들을 보면 쉽게 공감하기 어려운 것이다.

이러한 인식의 차이는 때로 세대 간 번아웃에 대한 평가를 왜곡시킨다. 기성세대는 요즘 세대의 번아웃을 맷집 부족이나 정신력 결핍으로 해석하고 "고생을 제대로 해보지 않아서 그런 것 아니냐"는 식의 평가를 내리기도 한다. 하지만 이 속엔 단지 비교 이상의 감정이 숨어 있다. "나는 그렇게까지 참았는데"라는 억울함과 "우리는 그렇게도 했는데 인정받지 못했다"는 상대적 박탈감이 쌓여 있는 것이다.

번아웃에 대한 잘못된 인식

그렇다면 어떤 특성을 가진 이들이 번아웃에 취약할까? 흔히 번아웃에 취약한 사람이라고 하면 업무에 열의가 부족하거나 성과를 내지 못하는 저성과자를 떠올리기 쉽다. 하지만 실제로는 그 반대다. 스스로 동기부여가 강하고 책임감을 갖고 열정적으로 일하는 사람일수록 번아웃에 빠지는 경우가 많다. 조직 안에서 번아웃을 먼저 겪는 이들은 대부분 자발적으로 야근을 감수하거나 프로젝트를 주도하고, 위기 상황에서 팀의 중심을 자처했던 인물들이다. **성과가 좋은 직원**

일수록 조직의 기대는 자연스레 높아지고 그 기대에 부응하기 위해 더 많은 노력을 기울이게 된다. 바로 이 반복되는 선순환 같은 악순환 속에서 열심히 일한 사람이 먼저 지쳐버리는 현상이 나타나게 된다.

예일대학교 감성지능센터 연구팀이 직장인 약 1,000명을 대상으로 실시한 조사에서도 이러한 현상이 드러났다.[18] 이 연구에 따르면, 업무 몰입도가 높은 집단이 오히려 몰입도가 낮은 집단보다 번아웃 증상을 더 자주 겪는 것으로 나타났다. 특히 몰입도가 높은 사람들일수록 열정과 스트레스가 공존하는 경향이 컸고, 이 중 다섯 명 중 한 명은 고위험군으로 분류될 정도였다. 업무에서의 만족감과 보람을 느끼는 동시에 좌절감, 불안, 긴장감이 교차하면서 감정 소진이 가속화되었던 것이다.

하버드비즈니스리뷰HBR의 연구 또한 비슷한 결과를 보여준다.[19] 고성과자는 조직 내에서 모범적 인물로 여겨지는 만큼, 동료들의 멘토 역할까지 자연스럽게 맡게 된다. 업무 외적인 지원 요청이나 기대도 더해지면서 본래의 역할 외에도 많은 무형의 책임을 떠안게 되는 셈이다. 시간이 갈수록 그들에게 주어진 업무량은 늘어나고 과업의 난이도도 높아진다. 문제는 이들이 자신의 한계를 명확히 인식하기보다 조직의 요구에 자신을 맞추려는 경향을 보인다는 점이다. 일과 삶의 균형을 조율하기보다는 스스로를 더 희생하는 방향으로 조정한다. 이러한 자기조절의 반복은 언젠가 한계에 도달하게 마련이다. 아무리 강한 책임감과 체력을 지닌 사람이라도 결국 감정적·신체적 에너지가 모두 소진되는 번아웃에 이르게 되는 것이다.

일이 많다고 번아웃이 생기는 것은 아니다

번아웃에 대한 또 다른 오해 중 하나는 단순히 '일이 많아서 생기는 것'이라는 인식이다. 야근, 주말 근무, 과도한 업무량 등 물리적 과로가 번아웃의 주된 원인이라는 통념은 널리 퍼져 있다. 그러나 **실제로 사람을 탈진하게 만드는 것은 '얼마나 일했는가'가 아니라 '어떻게 일했는가'이다.**

최근의 연구들은 이를 뒷받침한다. 업무량, 즉 양적 직무 부하보다도 질적 직무 부하가 번아웃과 더 밀접한 관련이 있다는 사실이 밝혀지고 있다. **일의 '양'이 아니라, '질'이 사람을 탈진하게 만든다는 이야기다.** 예를 들어 다음과 같은 상황은 질적 직무 부하를 높이는 요인이다.

- 상사의 지시가 불명확하고, 무엇이 기준인지 혼란스러울 때
- 자신이 맡은 역할과 책임이 명확하지 않아 일관된 판단이 어려울 때
- 스스로 원하지 않는 업무를 반복해서 수행해야 할 때
- 가치관과 맞지 않는 일, 혹은 윤리적으로 부담스러운 업무를 해야 할 때

이러한 상황들은 업무의 의미를 훼손하고 개인의 통제감과 자율성을 빼앗는다. 결국 일 자체보다 일하는 방식이 사람을 지치게 만

든다는 것이다. 흥미로운 것은 같은 조직 안에서도 질적 직무 부하를 낮게 경험하는 집단일수록 번아웃 수준도 눈에 띄게 낮았다는 점이다.

한 직장인 집단을 대상으로 한 조사에서는 번아웃 상태가 양호한 집단이 심각한 번아웃 집단보다 질적 직무 부하 수준이 평균 24퍼센트 낮았다. 같은 조직 안에서도 명확하고 안정적인 업무 구조를 가진 팀이 상대적으로 더 낮은 소진율을 보였다는 것이다. 또 다른 분석에 따르면, 질적 직무 부하가 12퍼센트 증가할 때 번아웃 확률은 약 50퍼센트 높아지고, 18퍼센트 증가할 경우에는 이직 의사도 53퍼센트 증가하는 경향을 보였다. 이는 곧, 불명확한 구조와 감정적 소모가 직무 만족도와 조직 충성도를 동시에 훼손하고 있음을 보여준다.[20]

번아웃은 개인만의 문제가 아니다

마지막으로 많은 조직이 번아웃을 개인의 문제로 간주한다. 스트레스 관리가 미숙하거나 정신적 회복력이 부족해서 생긴 결과로 판단하는 것이다. 그에 따라 제시되는 해법 역시 개인 단위에 머문다. 명상, 요가, 심리상담, 워라밸 프로그램 등은 그 자체로 도움이 될 수 있으나 근본적인 해결책이 되지는 못한다. 앞서 살펴보았듯 번아웃이 단순히 마음을 다스리지 못해서 생기는 것이 아니라 조직 안의 구조적 결함에서 비롯된 현상인지를 모르기 때문에 나타나는 결과다.

실제로 세계보건기구는 2019년 번아웃을 '직업적 현상occupational phenomenon'으로 분류하며 다음과 같이 정의했다. "적절히 관리되지 않은 만성적 직장 스트레스에 의해 유발되는 상태로 에너지 소진, 직무에 대한 거리감, 업무 효율 저하의 세 가지 주요 증상을 동반한다." 이는 번아웃이 단순히 개인의 성향이 아닌 직장 내 환경에서 발생하는 문제임을 분명히 밝힌 선언이다. 또한 2023년 대한산업안전협회가 발표한 자료에 따르면, 직장인들이 지각하는 조직 내 소진의 가장 큰 원인은 '지속적인 감정노동', '상사의 부당한 업무지시', '성과 평가에 대한 불신' 등 구조적 문제로 나타났다. 개인적 성향이나 업무량보다도 불합리한 조직 운영 방식이 번아웃에 더 큰 영향을 미치는 것이다.

문제는 많은 조직이 이러한 구조적 요인을 인정하지 않으려는 데 있다. 조직문화나 리더십의 문제를 수정하기보다는 구성원에게 스트레스를 스스로 다스리라고 요구한다. 하지만 실제로는 과중한 업무보다 일의 방식이 사람을 탈진하게 만든다. 예컨대 스스로 동기를 갖고 몰입했던 직원일수록 조직의 기대에 부응하기 위해 무리하게 에너지를 소진하며, 결국 먼저 번아웃에 빠지는 경우가 많다.

결국 **번아웃은 단지 개인이 약해서 생기는 문제가 아니다. 건강하지 않은 조직 구조가 개인의 에너지를 착취하는 방식으로 작동할 때 발생하는 결과다.** 그렇기에 번아웃은 조직이 책임지고 예방하고 개입해야 할 과제다.

번아웃, 해결 방법은?

번아웃을 예방하고 회복을 돕기 위한 방법은 다양하지만 그중에서도 가장 실질적이고 즉각적인 효과를 기대할 수 있는 접근은 조직 차원의 멘탈 케어다. 많은 글로벌 기업들은 직원들의 정신적 탈진을 단지 개인의 문제가 아닌 조직이 책임지고 관리해야 할 영역으로 인식하고 구체적인 지원 정책을 확대하고 있다. 아마존은 전 세계 직원들을 대상으로 24시간 무료 상담이 가능한 'Employee Assistance Program(EAP)'을 운영하고 있다. 또한, 정신건강 앱 Twill을 통해 스트레스, 불안, 자기관리에 대한 맞춤형 콘텐츠를 제공한다. 특히, 한국을 포함한 아시아 지역에서는 매월 마지막 금요일을 '회의 없는 날'로 지정하여 직원들의 웰빙을 지원하고 있다. 구글은 직원과 그 가족을 위한 정신건강 지원을 강화하고 있다. 의료 보험을 통해 정신건강 서비스를 제공하며, Employee Assistance Program을 통해 필요 시 상담을 받을 수 있다. 또한, 미국 내 Google Health & Wellness Center 프로그램을 통해 현장 상담사와 임상 심리학자에 대한 접근성을 확대하고 있다. 메타는 직원들이 무료 심리 상담 서비스를 이용할 수 있으며, 정신건강 플랫폼 기업인 라이라 헬스Lyra Health와 협업하여 직원과 그 가족에게 연간 12회의 상담 세션을 제공한다.

업무에 대한 통제감이 번아웃을 막는다

번아웃을 막기 위한 가장 핵심적인 요인 중 하나는 업무에 대한 통제감이다. 단순히 일이 많거나 힘들어서 지치는 것이 아니라 자신의 일과 시간, 방식에 대해 스스로 결정하고 조정할 수 있는 권한이 없을 때 사람은 무기력에 빠진다. 반대로 자율성이 확보될 경우, 심리적 안정감은 높아지고 일에 대한 몰입과 지속가능성 역시 크게 향상된다.

이러한 이유로 최근 많은 기업들은 유연 근무제도를 도입해 구성원들에게 더 많은 자율권을 부여하고 있다. 단순한 복지나 일과 삶의 균형을 넘어서 번아웃을 예방하고 창의성을 끌어올리기 위한 구조적 변화라 할 수 있다.

대표적인 사례가 바로 IT기업 NHN이다. NHN은 구성원들이 시간과 공간에 얽매이지 않고, 자신의 업무를 주도적으로 설계할 수 있도록 돕는 다양한 제도를 단계적으로 도입해 왔다. 2016년, 시차출퇴근제를 통해 출·퇴근 시점에 대한 선택권을 제공하였고, 2017년에는 오전 6시부터 오후 10시 사이 가장 몰입되는 시간대에 자유롭게 일할 수 있는 '퍼플타임 제도'를 도입했다. 2018년에는 근무 시간을 주 단위로 조정할 수 있는 선택적 근로시간제를 확대해 프로젝트 중심의 탄력적 운영을 가능케 했다. 2020년에는 매주 수요일은 사무실 출근 여부를 자율적으로 선택할 수 있는 '수요오피스' 제도를 시행하면서 공간에 대한 통제감까지 확장시켰다. 2022년은 모든 구성원이 동시에 일해야 하는 '코어타임'을 폐지하고, 자유롭게 휴식일을 지정할 수 있는 '오프데이' 제도를 마련했다. 2023년에는 임신기 단축근로시간 확대와 저녁 휴게시간 등록제 도입 등 생애주기 맞춤형 제도까지 추가로 정비했다.

번아웃은 과중한 업무가 아닌 통제력 상실에서 시작된다. NHN의 사례는 우리에게 명확한 메시지를 전한다. 번아웃은 일이 많아서가 아니라 일을 스스로 컨트롤할 수 없을 때 발생한다는 것이다. 자율성이 있을 때 사람들은 같은 양의 일을 하더라도 훨씬 적은 피로를 느끼고 더 깊은 몰입을 경험한다. **결국 업무 통제감이란 단순한 근무 제도의 문제가 아니라 조직의 신뢰와 성숙도를 반영하는 문화적 지표인 셈이다.** 기업이 구성원을 진정한 동료로 바라볼 때, 업무 자율성은 선택이 아닌 필수가 된다. 지속 가능한 일을 고민하는 모든 조직에게 NHN의 실험은 하나의 현실적인 해법이자 방향성을 제시한다.

일에 대한 내적 확신이 필요하다

번아웃을 예방하기 위한 세 번째 핵심 요소는 바로 '내가 왜 이 일을 하는가'에 대한 내적 확신, 즉 일의 목적의식이다. 심리학자들은 같은 일을 하더라도 그 일에 얼마나 의미를 부여하느냐에 따라 감정적 탈진의 정도가 크게 달라진다는 점에 주목해왔다. 외적 보상이 아니라 일 자체에서 내적 보람을 느끼는 사람일수록 스트레스에 덜 민감하고 번아웃에 대한 저항력도 높다.

100년간 수요자 중심의 의료서비스라는 획기적인 마인드로 전 세계에서 가장 사랑받는 의료기관인 메이오 클리닉Mayo Clinic은 의사들을 대상으로 한 연구에서 인상적인 결과를 얻었다. 하루 업무 시간 중 단 20퍼센트만이라도 '가장 의미 있다고 느끼는 일'에 사용한 의사들은 번아웃 위험이 현저히 낮았다는 것이다. 즉 모든 일이 완벽히 보람차지 않더라도 그중 일부라도 스스로 '의미 있다'고 인식할 수 있다면 정신적 탈진은 충분히 예방 가능하다는 것이다.

이 발견은 조직 운영에 매우 실용적인 인사이트를 제공한다. 업무 전반을 바꾸지 않아도 구성원 각자가 의미를 느끼는 순간을 확장시켜 주기만 해도 번아웃은 완화될 수 있다는 사실이다. 이를 위해 메이오 클리닉은 직원들에게 자신이 하는 일이 왜 중요한지를 주기적으로 진술하도록 유도한다. 공개적으로 혹은 온라인, 1:1 피드백 등 다양한 방식으로 일의 가치를 언어화하게 만드는 것이다. 이처럼 직무와 개인의 정체성을 연결시키는 일은 단순한 감성적 접근이 아니라 실질적인 번아웃 예방 전략으로 작동한다.

조직 심리학자이자 《기브 앤 테이크Give and Take》의 저자 애덤 그랜트Adam Grant는 이 주제를 연구한 대표적인 학자다. 그는 미국의 한 대학 전화 기부팀을 대상으로 흥미로운 실험을 진행했다. 이 팀의 업무는 졸업생들에게 전화를 걸어 장학금 기부를 요청하는 일이었고, 대부분의 직원은 이 일을 반복적이고 감정 소모적인 것으로 느끼며 쉽게 탈진하곤 했다.

그랜트는 팀을 세 그룹으로 나누어 실험을 설계했다. 그중 한 그룹에게만 장학금 수혜자였던 학생이 직접 찾아와 자신이 어떻게 이 장학금으로 삶이 바뀌었는지를 생생하게 이야기하도록 했다.

놀라운 변화가 일어났다. 이 그룹의 직원들은 다른 그룹과는 달리 전화 걸기 횟수와 성공률 모두 크게 증가했다. 단 한 번의 이야기만으로도 그들은 자신의 일이 단순한 기금 모금이 아니라, 사람의 삶을 바꾸는 일이라는 확신을 갖게 된 것이다. 이는 단순한 동기부여를 넘어서 일의 가치 재정의가 곧 탈진을 줄이고 성과를 끌어올리는 힘이라는 것을 입증한 사례였다.

이처럼 **번아웃을 줄이는 열쇠는 일 자체의 의미에 있다. 단, 이는 직원 스스로 깨달아야 할 몫만은 아니다. 조직이 주도적으로 일의 가치와 중요성을 설계하고 전달하는 구조적 노력이 필요하다.** "이 일이 왜 중요한가?", "누구에게 어떤 영향을 미치는가?", "이 업무의 최종 목적지는 어디인가?" 이러한 질문에 대해 구성원이 스스로 답할 수 있도록 내·외부 소통 구조를 설계하는 일, 그것이 곧 번아웃 없는 조직의 토대를 만드는 일이다.

우리가 남이다!

"우리가 남이가." 한때 직장에서 흔하게 들을 수 있었던 말이었다. 이 표현은 단순한 유행어가 아니라 기성세대가 직장 내 관계를 어떻게 인식했는지를 상징적으로 보여주는 말이다. '남이 아니니 서로 도와야 한다'는 전제를 깔고 있는 이 말은 공과 사의 경계를 넘나들며 형성된 정情의 문화를 전제로 한다. 기성세대에게 공과 사의 구분은 이상적인 원칙이었지만 실제로는 그 구분이 쉬지 않았기에 더 자주 강조되었다. 직장 내 사적 친분이 업무에 영향을 미치는 경우가 많았고, 오히려 그 친분이 일의 윤활유 역할을 한다는 점이 긍정적으로 받아들여지기도 했다. 이들에게는 동료나 상사와의 끈끈한 정서적 유대가 곧 조직의 결속력이라고 믿었다.

예를 들어, 월요일 아침 상사가 직원에게 "주말에 뭐했어?"라고 묻는 것은 단순한 안부 인사를 넘어 딱딱한 업무 분위기를 누그러뜨리고 사람 대 사람으로 서로를 대하려는 정서적 접근 방식이었다. 실제로 집들이, 돌잔치, 부모님의 환갑이나 각종 장례식 등 직장 동료의 생애주기를 함께 나누는 것은 자연스럽고 당연한 일이었다. 이런 문화 속에서 직장은 단순한 일터를 넘어 삶을 함께 나누는 공동체였다.

이처럼 정서적으로 밀착된 관계는 업무지시나 피드백 상황에서도 강력한 완충 장치 역할을 했다. "이건 너니까 말하는 거야" 혹은 "너 아니면 내가 누구한테 이런 말 하겠니?" 같은 표현은 상대에 대한 신뢰와 정서적 유대를 바탕으로 한 부탁의 말이었다. 때로는 지시가 감정적으로 부담스러울 수 있는 상황에서도 그런 관계가 있기에 지시가 명령이 아니라 부탁처럼 들리도록 만들었다. 이러한 문화는 언어 속에도 녹아 있다. "그 집 숟가락 개수까지 안다"는 말은 직장 동료의 삶을 그만큼 깊이 알고 공유하고 있다는 관용적 표현이다. 동료이자 인생의 동반자로서 서로의 일상에 자연스럽게 스며들었던 시대의 정서를 단적으로 보여준다.

공적 관계와 사적 영역 사이의 분명한 경계

요즘은 서로의 신상도, 일상도 알기 어렵다. 이제는 일은 일, 삶은 삶이라는 원칙 아래 공적 관계와 사적 영역 사이의 경계를 분명히 하려는 문화가 뚜렷해졌다. 예전처럼 상사가 "주말에 뭐했어?"라고 물으면 "공과 사를 구분하자고 하신 것도 선배님들이잖아요?"라는 반문이 돌아온다. 사적인 질문은 사생활 침해로 여겨지며 작은 관심조차 시시콜콜한 참견으로 오해받는 일이 잦아졌다. 이러한 변화는 정서적 유대의 표현 방식에도 영향을 미친다. 기성세대는 먼 거리를 마다하지 않고 장례식장에 찾아가 조문하는 것을 인간적인 도리로 여겼다. 하지만 요즘 세대는 그것을 과시형 친절이나 감정적 압박으로 인식할 수 있다. 누군가의 슬픔에 대한 진심 어린 위로라기보다는 보여주기 위한 의무감처럼 느껴질 수 있기 때문이다.

요즘 세대는 가족관계나 사적인 이야기를 물어보는 것을 관계적 권력의 행사로 인식하는 경향이 강하다. 사적인 질문은 한 사람이 다른 사람의 정보를 더 많이 확보함으로써 상대적으로 우위에 서게 되는 정보 비대칭을 만든다. 특히 위계가 존재하는 조직 내에서는 이러한 정보의 비대칭이 곧 평가와 통제의 수단이 될 수 있다는 점에서 더욱 예민하게 받아들여진다.

예를 들어, 상사가 "부모님은 뭐 하시니?", "형제는 몇 명이야?"라고 묻는다면, 상사는 해당 정보를 바탕으로 누군가를 평가받지 않는다. 그러나 대답하는 입장에 있는 직원은 언제, 어떤 맥락에서 그 정보가 작용할지 알 수 없다. 무심코 나눈 말이 태도나 신뢰성, 인사평가에 대한 판단 기준으로 사용될 수 있다는 불안감이 있는 것이다. 이처럼 일방적인 노출 구조 속에서 사적인 이야기를 꺼내는 일은 그 자체로 스트레스가 된다.

더 나아가 요즘 세대는 사적인 이야기를 나누는 것 자체가 감정 에너지를 소모하는 일이라고 여긴다. 단순히 "무슨 말을 해야 하나"가 아니라, "어떻게 받아들여질까", "이 말을 나눠도 괜찮은가"와 같은 심리적 셀프 점검이 수반되기 때문이다. 그 신경을 쓰는 행위 자체가 피로하므로 굳이 사생활을 공유하려 하지 않는 것이다.

물론 모든 사적인 대화가 불편하거나 부적절한 것은 아니다. 문제는 상대방과 신뢰의 수준과 관계의 깊이가 갖춰지지 않았을 때다. 친밀도가 충분히 쌓이지 않은 상황에서 던지는 사적인 질문은 의도와 무관하게 침해나 위협으로 받아들여질 수 있다. 결국 사적인 대화의 적정선은 정해진 정답이 있는 것이 아니라 관계의 맥락에 따라 유동적으로 조율되어야 하는 감정적 합의의 영역이다.

잡담은 여전히 유효하다

그렇다면 우리는 잡담을 포기해야 할까? 세대 간 감수성의 차이로 인해 사적 대화가 예민한 문제로 떠오른 시대에 비공식 커뮤니케이션의 역할은 이미 끝난 것일까? 이에 대해 단정적으로 '그렇다'고 말하는 것은 매우 성급한 결론이다. 오히려 잡담이라는 형식을 어떻게 이해하고 활용할 것인가가 관건이다.

잡담, 즉 비공식 커뮤니케이션은 여전히 조직 내에서 중요한 역할을 하고 있으며, 이는 정서적 관계를 바탕으로 한 조직몰입과 깊은 연관이 있다. 실제로 한국전력공사의 조직구성원 240명을 대상으로 한 연구 결과는 이를 실증적으로 뒷받침한다.[21] 이 연구에 따르면, 공식적인 커뮤니케이션보다 비공식적인 커뮤니케이션이 조직몰입에 유의미한 영향을 미치는 것으로 나타났다.

여기서 말하는 비공식 커뮤니케이션은 단순히 농담을 주고받거나 일상적인 소식을 나누는 행위를 넘어선다. 그것은 구성원 간 신뢰를 구축하고 심리적 안전감을 느끼게 하며 공동체 의식을 형성하는 통로다. 특히 동료나 상사와 나누는 가벼운 대화는 업무와 직접적인 관련이 없어 보이지만 정서적 유대를 강화하고 사기를 높이는 촉매제 역할을 한다. 이러한 유대감은 조직 구성원으로서의 소속감과 책임감을 높이고, 궁극적으로 조직에 대한 심리적 애착, 즉 몰입도로 이어진다.

그렇다면 요즘 세대와의 관계에서 잡담, 즉 비공식적 대화는 어떻게 접근해야 할까? 무엇보다 중요한 것은 관계 형성의 방식을 먼저 이해하는 일이다. 예전처럼 친근함을 명분으로 무작정 말을 붙이는 방식은 통하지 않는다. 오늘날의 소통은 단지 말을 잘하는 능력이 아니라 상대의 언어를 얼마나 이해하고 존중하느냐에 달려 있다.

탁월한 리더는 자기 말을 잘하는 사람이 아니라 상대의 말로 표현할 줄 아는 사람이다. 강아지를 대할 때는 강아지의 몸짓과 리듬을 따라야 하고, 고양이를 대할 때는 고양이의 방식으로 다가가야 한다. 이는 단순한 비유가 아니다. **상대의 감수성, 말투, 기대를 파악하고 그에 맞춰 커뮤니케이션을 조율하는 감정적 지능이야말로 오늘날의 리더에게 요구되는 핵심 역량이다.**

따라서 사적인 대화라 해서 즉흥적으로 생각 없이 툭툭 던지는 태도는 위험하다. 주제의 민감도를 고려하지 않은 질문, 혹은 지나치게 일반화된 관심 표현은 오히려 역효과를 낳는다. 예를 들어 "요즘 뭐 하고 지내?"라는 말도 맥락 없이 던지면 부담이 될 수 있다. 하지만 상대가 관심을 보인 주제나 공통 경험을 바탕으로 "지난번에 얘기한 프로젝트는 잘 진행되고 있어요?"처럼 구체적인 연결고리를 활용하면 상대는 자신이 기억되고 있다는 감정적 수용을 경험하게 된다.

말을 잘하는 것보다 배려가 중요하다

여기서 중요한 것은 단지 말을 잘하는 기술이 아니라 배려의 태도다. 실제로 누군가와 대화를 나누기 전에 '지금 이 질문이 상대에게 어떤 의미일까?', '이 주제가 불편할 수 있지는 않을까?'와 같은 사전 점검을 거치는 것이 요즘 세대와의 소통에서는 매우 중요한 예의로 여겨진다. 이는 곧 신뢰 형성의 출발점이기도 하다.

요즘 세대는 관계에 매우 민감한 경향을 보인다. 단지 가까운 거리에 있다고 해서, 또는 오래 알고 지냈다고 해서 마음을 여는 시대는 지났다. 심지어 부모나 형제와의 관계에서도 신뢰가 형성되지 않으면 대화 자체를 피하는 경우가 많다. 그만큼 관계의 공식을 예전보다 훨씬 더 냉정하게 따지는 셈이다. 그들에게는 정서적 안전감이 확보되지 않은 상태에서 나누는 사적인 대화는 의미 있는 소통이 아니라 불필요한 침범으로 인식될 수 있다.

하지만 이들이 대화를 거부한다고 해서 인간관계 자체를 회피하는 것은 아니다. 오히려 충분히 신뢰하는 사람에게는 시간과 에너지를 아낌없이 투자하려는 성향이 강하다. 이는 일종의 선택적 개방성이다. 무작위로 친해지기보다는 신뢰할 수 있는 대상에게 집중하고 신중하게 관계를 쌓아가는 것이다. 그리고 이 신뢰는 단기간에 구축되는 것이 아니라 일관된 존중과 배려의 반복을 통해 축적된다.

한 가지 주의할 점은 신뢰를 얻기 위해 타인의 이야기를 깎아내리는 방식, 예컨대 제3자를 흉보며 공감대를 형성하려는 시도는 결코 바람직하지 않다. 일시적으로는 웃음을 유발하거나 긴장을 낮출 수 있을지 몰라도 그 말투는 곧 나에게도 돌아올 수 있다는 불안감을 남긴다. 요즘 세대는 관계의 무게를 가볍게 두지만 동시에 '누구에게 무엇을 말하는가'에 대한 민감도는 매우 높다. 그래서 결국 진정한 신뢰는 타인의 험담 없이도 형성되어야 하며, 서로의 경계를 지키면서도 관심을 표현하는 방식으로 이루어져야 한다.

이처럼 **요즘 세대와의 소통에서 중요한 점은 그 사람의 삶 자체를 묻는 것이 아니라 그 사람이 선택한 삶의 방식을 존중하고 그 안에서 이야기를 나누는 태도다.** 과거에는 "연애는 하니?", "결혼은 언제 하니?", "아이는 언제 가질거니?"와 같은 질문을 통해 서로의 친밀도를 확인하려 했지만, 요즘 세대는 그런 질문에 친밀함을 느끼지 않는다. 오히려 그런 질문을 받으면 "왜 이걸 물어보지?", "이게 꼭 중요한가?"라는 내면의 거리감을 느끼게 된다.

효과적인 소통을 위해서 라이프스타일을 관찰하자

요즘 세대는 개인의 라이프스타일은 존중받아야 할 고유한 영역이라고 생각한다. 나의 정체성과 선택이 납득되지도 않은 채, 단순한 호기심으로 파고드는 질문은 관심이 아니라 침범으로 받아들여진다. 대신 취미, 관심사, 최근 해 본 새로운 시도 등 생활의 단면을 공유하는 대화에는 마음을 연다. 예컨대 요즘 많이 듣는 음악, 주말에 즐기는 루틴, 애정하는 커피 브랜드나 등은 삶의 일부이되, 정체성으로부터 안전한 거리에서 나눌 수 있는 이야기들이다. 이러한 가벼운 화두는 상대의 가치관과 리듬을 엿보게 하면서도 불필요한 판단을 유발하지 않는다.

실제 현장에서 효과적인 소통을 해낸 리더들은 하나같이 라이프스타일 관찰자였다. 단순히 직원의 근태나 성과를 평가하는 데 그치지 않고 그 사람이 무엇에 즐거움을 느끼는지, 어떤 방식으로 스트레스를 해소하는지를 관심 있게 지켜본다. 그 관심은 점차 공감으로 이어지고, 공감은 신뢰를 만든다.

사례를 들어보자.

A팀장은 11년 차 관리자로 평소 일 처리에 있어선 꼼꼼하고 책임감이 강한 스타일이었다. 하지만 최근 새로 들어온 20대 직원 B씨와의 관계에서 어려움을 느끼고 있었다. 보고서 하나를 지시해도 B씨는

"왜 이걸 해야 하는지 모르겠다"거나 "이 방식은 너무 비효율적인 것 같다"며 종종 반항적인 태도를 보였다. 처음엔 '요즘 애들은 왜 이렇게 기본이 안 되어 있을까'라는 생각이 들었다. A팀장은 몇 차례 정중하게 피드백을 시도했지만 돌아오는 반응은 늘 무미건조하거나 방어적이었다. 그렇게 두 달이 흐르면서 둘 사이엔 뚜렷한 긴장감이 쌓여갔다.

그러던 중 A팀장은 우연히 복도에서 다른 직원과 이야기하는 B직원의 말을 엿들었다. "우리 강아지가 어제 발바닥을 다쳐서 병원 다녀왔어요." 그 말이 이상하게 귀에 맴돌았다. 이후 A팀장은 사내 메신저 대화창을 열고 가볍게 물었다. "혹시 강아지 이름이 뭔가요? 저도 반려견 키웠던 경험이 있어서요." 처음에는 다소 딱딱한 반응이 돌아왔다. "루비요. 몰티즈예요." 하지만 A팀장은 루비에 대해 조금 더 관심을 기울였다. "루비는 산책 좋아하나요? 요즘 미세먼지 심해서 걱정이네요." 이와 함께 A팀장은 최근 반려견 전용 공원, 강아지 영양식, 예방접종 주기 같은 정보를 하나둘 챙겨 공유했다. 그러자 B의 반응이 미묘하게 달라졌다. 표정이 부드러워지고 대화가 길어졌다. 어느 날은 B가 먼저 다가와 루비의 장난감 사진을 보여주기도 했다.

그렇게 두세 달이 흐른 어느 날, 예상치 못한 변화가 찾아왔다. A팀장이 새 프로젝트 업무분장을 놓고 팀원들에게 의견을 물었을 때, 늘 말없이 앉아있던 B가 먼저 손을 들었다. "저 이 부분 맡아보고 싶어요. 예전에 비슷한 걸 공부해 본 적이 있어서요."

순간 A팀장은 놀랐다. 이전의 B라면 결코 먼저 나서지 않았을 터였다. 그리고 회의가 끝난 후, B는 조용히 다가와 이렇게 말했다. "팀장님, 지난번에 루비 간식 추천해주신 거요, 정말 잘 먹더라고요. 감사했어요. 사실 요즘 좀 지쳤는데… 그런 얘기 나누면서 편해졌던 것 같아요."

그날 이후, A팀장은 업무 소통에 있어 사적인 관심사가 관계의 윤활유 역할을 한다는 것을 실감했다. 단순히 사생활을 캐묻는 게 아니라 상대의 세계에 존중과 관심을 가지고 다가가는 대화가 진짜 신뢰를 만든다는 것을 체험한 것이다.

하지만 여기에도 고려해야 할 요령이 있다. 화두는 던지되, 진짜 목적은 정보를 캐는 것이 아니라 이야기를 열어주는 것이어야 한다. "강아지 키운다면서요? 종이 뭐예요?" 정도로 끝내지 말고, "요즘 많이 걷는다고 들었는데, 반려견이랑 산책하기 좋은 장소 있어요?"처럼 실용적이고 구체적인 질문을 던지면 말문이 트이기 쉽다. 이것은 단순한 말재주가 아니다. 상대의 일상을 존중하고 그 안의 경험을 배우려는 자세에서 나온다. 요즘 세대는 진심을 알아채는 데 탁월하다. 얕은 호기심인지, 진짜 관심인지, 말을 꺼내는 태도만으로도 금세 감지한다.

그리고 무엇보다 중요한 것은 말을 건 이후의 태도다. 요즘 세대와의 사적 대화에서 가장 효과적인 접근은 "알려달라"고 부탁하는 자세다. "요즘 인기 있는 넷플릭스 드라마 뭐 있어요?", "저 요즘 핫한 카페 하나도 모르겠는데, 어디가 핫한지 알려줄래요?"처럼 자신을 낮추고 상대를 정보 제공자로 세워주는 질문은 단순한 호감을 넘어서 관계의 균형을 만든다. 이는 단지 말을 잘하기 위함이 아니라 관계를 수평적으로 만드는 구조적 장치이기도 하다.

한편 **요즘 세대는 누군가를 따라야 한다는 생각보다는 '이 사람과 함께하면 정보가 교류되고 내가 존중받는다'는 느낌에 반응한다. 결국 잡담이든 진담이든 중요한 건 말의 수준이 아니라 관계의 온도다.** 당신은 라이프를 묻기 전에 라이프스타일을 함께 나눌 준비가 되어 있는가? 개인의 선택과 취향을 존중하는 대화 속에서 마음은 조금씩 열리기 시작한다.

심리적 안전지대에 대한 욕구가 만든 리더 포비아

결국 세대 간 소통의 본질은 단순한 표현 방식이나 거리감의 문제가 아니라 관계의 형성과 책임에 대한 인식 차이에서 비롯된다. 기성세대는 관계 자체가 신뢰의 시작이자 리더십의 기반이라고 여겼지만 오늘날의 젊은 세대는 신뢰와 관계 모두가 사전적 조건이 아니라 후속적으로 합의되고 형성되어야 할 감정적 합의의 산물이라고 본다. 이처럼 관계의 밀착이 리더십의 전제였던 시대에서 심리적 거리두기를 기본값으로 삼는 시대가 도래하면서 리더십은 더 섬세하고 복합적인 과제가 되었다.

바로 이 지점에서 리더 포비아가 발생한다. 요즘 세대는 누군가에게 감정을 건네는 일, 사적인 이야기를 꺼내는 일, 나아가 타인의 경계를 판단하고 배려하는 일 자체를 감정적 노동으로 인식한다. 특히 리더의 위치에서는 그 부담이 훨씬 증폭된다. 상대의 사생활을 존중하면서도 신뢰를 형성해야 하고, 친밀감을 시도하면서도 그것이 침해로 읽히지 않도록 조율해야 한다. 한마디 말도 맥락을 읽고 타이밍을 조정해야 하는 상황에서 많은 사람들이 리더십을 심리적 리스크로 여기게 된 것이다. '내가 뭔가를 잘못해서 누군가가 불편해지면 어쩌지', '괜히 오해를 살 바엔 차라리 거리를 두자'는 회피의 정서가 바로 리더 포비아의 현실적 기반이다.

그렇다고 리더십이 사라져야 하는 것은 아니다. 오히려 지금 필요한 것은 전통적인 리더상에서 벗어난 새로운 형태의 리더십이다. 관계를 이끄는 사람이 반드시 앞에 서서 무게를 감당하는 존재일 필요는 없다. 요즘 세대가 요구하는 것은 감정을 강요하지 않고 선택권을 존중하며, 관계의 속도를 함께 조율해나가는 조율자형 리더다. 그들은 더 많은 말을 하는 사람이 아니라 더 정교하게 듣고 반응할 수 있는 사람을 신뢰한다.

결국 리더십은 더 이상 직위나 권한의 문제가 아니라 심리적 안전지대를 만들 수 있는 감수성과 태도의 문제다. 친밀감은 강요가 아니라 협의의 대상이며, 소통은 설득이 아니라 조율의 과정이다. 리더 포비아는 리더십의 종말이 아니라 리더십의 진화를 요구하는 시대적 감각일지 모른다. 이 복잡한 감정의 시대에 필요한 리더는 말 잘하는 사람이 아니라 묻기 전에 한 번 더 맥락을 헤아리는 사람이다. 그리고 그 태도의 정교함이야말로 세대를 잇는 가장 강력한 리더십의 시작점이다.

리더 포비아를
극복하는 방법

"혁신을 위한 가장 훌륭한 시스템은
시스템을 갖지 않는 것이다."

– 스티브 잡스 –

리더 없는 리더십

"누가 팀장을 맡을래요?" 예전 같으면 눈치 싸움이 이어졌겠지만 요즘 세대는 조금 다르다. 그들은 이렇게 묻는다. "이번엔 내가 맡아볼게요. 그리고 다음엔 다른 사람이 하죠."

요즘 세대는 기존의 고정된 리더나 권한 중심의 리더십에 익숙하지 않다. 오히려 리더 없는 집단에서의 협업을 더 긍정적으로 받아들이며, 리더십을 일종의 공동 작업물 혹은 임시 배역으로 이해한다. 이들은 리더가 누구이든, 혹은 리더가 없더라도 집단이 목표를 향해 나아갈 수 있다고 믿는다. **중요한 것은 권력의 분산과 역할의 유연성, 그리고 공정하고 투명한 소통이다.**

권력의 분산이 만든 조직의 가치

도쿄 시부야에는 '조직 없는 조직'을 표방한 청년 커뮤니티 카페가 있다. 이들은 전통적인 대표나 매니저가 없고 일하는 사람들 모두가 주 1회 돌아가며 '그 주의 책임자'를 맡는다. 매주 월요일이면 그 주의 조정자가 바뀌고, 이 사람은 운영의 최종 결정권자가 아니라 '소통을 원활히 돕는 조율자' 역할을 한다.

이와 유사한 철학을 훨씬 더 급진적인 방식으로 구현한 회사가 있다. 바로 일본의 전기설비 제조업체 미라이 공업Mirai Industry이다. 2020년부터 미라이 공업의 관리자 선출 방식이 다시 주목받고 있다. 미라이 공업은 일반 기업과는 달리 관리자를 선출할 때 성과 평가, 연공서열, 상사의 추천 같은 전통적인 기준이 존재하지 않는다. 이 회사는 직원들의 이름을 종이에 적어 선풍기 앞에 놓고 바람에 날리는 방식으로 진급자나 관리자를 선발한다. 가장 멀리 날아간 쪽지에 적힌 사람이 관리자가 되는 식이다. 이 다소 엉뚱해 보이는 방식 뒤에는 놀라운 철학이 숨어 있다.

사장 와다 아키오和田昭夫는 이렇게 말한다. "관리자는 누구나 할 수 있어요. 다들 학교도 다녔고 똑똑하잖아요. 굳이 누가 더 낫다고 따질 필요가 없어요." 이러한 철학은 모든 사람이 리더가 될 수 있다는 믿음 위에 세워져 있다. 누구든 리더가 될 수 있고 리더가 아니어도 자신의 영역에서 리더처럼 일할 수 있다.

실제로 미라이 공업은 직급을 점차 없애고 나이·경력·직위와 무관하게 모든 직원이 동등한 입장에서 주체적으로 일할 수 있는 조직문화를 만들어왔다. 관리자가 없으니 자율적으로 책임을 나누고 팀 단위로 의사결정하며, 누구나 개선안을 제안할 수 있는 구조가 자연스럽게 자리 잡았다. 그 결과는 놀랍다. 직원들의 아이디어가 끊임없이 샘솟아 현재까지 실용신안과 의장 등록 등이 2,300건 이상이다. 이는 연간 90건, 일주일에 두 건 이상의 창의적 제안이 나오는 셈이다.

미라이 공업의 독특한 관리자 선발 방식은 일본 내에서 큰 주목을 받았으며, 이와 유사한 실험적 리더십 모델을 도입한 다른 기업들도 속속 등장하고 있다. 그중 하나가 홋카이도 삿포로시에 위치한 설계회사 사쿠라 구조サクラ構造다.

사쿠라 구조는 전통적인 상명하달식 조직문화를 탈피하여 직원들이 자신이 일하고 싶은 상사를 직접 선택하는 '상사 선택제'를 2019년부터 도입했다. 이 제도는 직원 약 100명이 매년 3월에 제공받는 50페이지 분량의 '반장 활용 매뉴얼'을 기반으로 운영된다. 이 매뉴얼에는 각 상사의 업무 스타일, 커뮤니케이션 방식, 리더십 특성 등이 상세히 소개되어 있어 직원들은 이를 참고하여 1지망과 2지망 상사를 선택한다. 선택 결과는 6월부터 적용되며 현재까지는 1지망 상사에게 100퍼센트 배정되는 성과를 보이고 있다.

이러한 제도 도입 이후, 사쿠라 구조의 이직률은 제도 시행 전인 2018년 6월에 비해 시행 후 2023년에는 0퍼센트로 감소하는 놀라운 결과를 나타냈다. 다나카 신이치 사장은 "스스로 업무 환경과 상사를 고른 것이니 선택한 사람 책임도 크다는 마음가짐을 갖게 된 결과"라고 평가했다.

또한 유럽계 제약회사는 팀 리더에게 채용권 일부를 위임해 필요한 인재를 실무자가 직접 뽑을 수 있도록 했다. 또 다른 IT 기업은

'리더의 재량을 넓히되, 평가 기준은 투명하게'라는 원칙 아래, 관리자가 자율적으로 프로젝트 방향과 인력을 조율할 수 있게 했다. 결과는 긍정적이다. 관리자들은 "일에 주인의식이 생겼다", "리더가 되니 오히려 일이 자유로워졌다"는 반응을 보이며 관리자 직무에 대한 만족도가 높아졌다는 보고가 잇따랐다.

당신이 알던 리더십은 끝났다

요즘 세대는 단단하게 위계화된 구조보다는 느슨하지만 조율이 잘 되는 구조를 선호한다. 2024년 잡플래닛과 사람인이 발표한 공동 리포트에 따르면, MZ세대가 가장 중요하게 생각하는 리더의 자질은 공감과 이해(38.2%), 소통과 피드백(25.6), 성과보다 과정 준수(14.8%), 위임과 자율보장(12.4%) 순으로 나타났다. 이러한 경향은 미국과 유럽에서도 유사하게 나타나고 있다. 글로벌 여론조사기관 갤럽에 따르면, Z세대는 경영진의 공감을 중시하며, 60퍼센트는 자신의 어려움을 이해하고 개발을 지원하는 관리자를 선호하는 것으로 나타났다.

이러한 결과는 단순히 유연한 조직 분위기를 선호한다는 수준을 넘어 리더십 자체가 근본적으로 변화하고 있다는 신호다. 요즘 세대에게 리더는 더 이상 명령하고 통제하는 존재가 아니라 조율하고 함께 성장하는 조력자에 가깝다. 만약 어떤 기업이 "당신은 우리의 가족이고 회사는 당신의 집입니다"라는 식의 메시지를 보낸다면 이는 구성원을 자율적이고 독립적인 인간으로 존중하지 않겠다는 방증이다.

미라이 공업과 사쿠라 구조 등의 사례에서 살펴본 것처럼, 요즘 세대가 이해하는 리더십은 기존의 전통적인 개념과는 사뭇 다르다. 이들에게 리더십은 특정 인물에게 지속적으로 부여되는 권한이 아닌 필요에 따라 분산되고 재구성되는 방식으로 여겨진다. 즉 오늘은 A가 리더가 되고, 내일은 B가 리더 역할을 맡는 순환형 구조가 이들에게 익숙하다. 이러한 순환형 리더십은 신뢰를 쌓는 방식으로 작용한다.

이러한 방식은 다음의 두 가지 긍정적 효과를 가져온다.

첫째, 리더십이 분산되면 모든 구성원이 의사결정 과정에 참여할 기회를 가질 수 있다. 이는 단순히 '리더가 결정을 내린다'는 일방적인 구조가 아닌 모든 구성원이 주체적으로 참여한 의사결정을 만들어내며, 결과적으로 주인의식이 강화된다.

둘째, 리더와 구성원 간의 심리적 거리를 최소화할 수 있다. 전통적인 리더십에서 느낄 수 있는 상하 관계의 권위적인 거리감은 요즘 세대에게 불편하게 느껴진다. 순환형 리더십은 리더와 구성원의 관계를 평등하게 만든다. 리더와의 심리적 거리가 좁혀지면 상호 존중과 이해가 이루어지며, 이들이 원하는 바람직한 조직문화가 형성된다.

보스가 아닌 가이드가 요구되는 리더

Z세대가 자주 사용하는 커뮤니티 플랫폼 '디스코드'에는 관리자 역할을 하는 운영자가 존재한다. 하지만 이들은 명령하거나 통제하지 않는다. 운영자는 대부분의 시간 동안 조용히 지켜보며 필요할 때만 개입한다. 규칙을 만들고, 갈등을 중재하며, 정보 흐름을 정리하는 일에 집중한다. 이러한 **운영자는 보스가 아니라 가이드다.** 운영자의 권한은 크지만 그 힘을 사용하지 않는 태도야말로 커뮤니티에서 존중받는 이유다. **보여주기 위한 리더가 아니라 모두가 편안하게 활동할 수 있도록 설계하는 리더, 이것이 이상적인 운영자상이다.**

이러한 배경에는 요즘 세대가 부모를 유용한 조력자, 조언자, 협력자로 인식하는 경향이 있기 때문이다. 부모가 친구처럼 다가오고 자녀의 삶에 지나치게 개입하거나 주도하려는 '헬리콥터 부모', '매니저형 부모'가 늘어난 것도 하나의 원인이다. 이들 부모는 자녀의 진학, 진로, 심지어 취미 활동에 이르기까지 계획을 세우고 성과를 관리하며, 마치 자녀의 인생을 하나의 프로젝트처럼 운영하려 한다. 결과적으로 부모는 권위적인 훈육자가 아닌 리소스를 제공하고 진로를 조율하는 매니저 또는 코치의 역할을 하게 되었다.

기성세대가 보기엔 이러한 변화가 부모에 대한 존중이 부족해 보이거나 가족 내 질서가 무너지는 현상처럼 느껴질 수 있다. 하지만 요즘 세대에게 있어 이는 매우 자연스럽고 일상적인 관계 설정이다. 그들은 수직적 관계보다 수평적 관계에서 편안함을 느끼며 부모를

'나이나 권위에 있는 존재'가 아니라 '옆에 있는 존재'로 인식하는 경향이 있다. 부모는 언제든 조언을 구할 수 있는 경험 많은 조력자이고 때로는 현실적인 판단을 도와주는 인생의 동반자로 자리 잡는다.

권위가 아닌 협업과 네트워크에 기반한 리더십이 요구된다

이러한 경험은 곧 요즘 세대의 리더십 인식에도 큰 영향을 미쳤다. 어린 시절부터 '명령을 내리는 리더'가 아닌 '함께 논의하고 방향을 잡아주는 리더'를 경험해 온 이들은 직장이나 사회생활 속에서도 비슷한 리더를 기대하게 된다. 따라서 그들은 리더가 모든 것을 통제하거나 독단적으로 결정하는 존재가 아니라 협력의 분위기를 조성하고, 구성원 모두가 잠재력을 발휘할 수 있도록 돕는 조정자 역할을 수행하기를 원한다.

또한, 부모와의 상호작용을 통해 대화, 설득, 의견 조율로 갈등을 해결해 본 경험이 많은 요즘 세대는 리더십에서도 정서적 · 심리적 안정감과 공감 능력을 핵심 덕목으로 여긴다. 단순한 카리스마나 화려한 말솜씨보다는 경청하고 중재할 줄 아는 리더에게 더 큰 신뢰를 보낸다. 이는 이들이 단순히 지시를 따르는 수동적 태도보다는 스스로 납득 가능한 방향성과 가치를 중시하는 리더십을 기대하고 있음을 보여준다.

결국, 부모와의 관계에서 형성된 이러한 경험은 요즘 세대가 선호하는 리더십 모델의 밑바탕이 된다. 실제로 글로벌 회계·컨설팅 기업인 딜로이트가 44개국에서 약 23,000명의 응답자를 대상으로 직장 및 전 세계에서의 경험과 기대치를 조사한 결과, MZ세대의 약 86퍼센트가 자신의 개인적 가치와 맞지 않는 과업이나 고용주를 거부한 경험이 있다고 응답했다.[22] 이들에게 **리더란 나의 말에 경청해주고 방향을 잡아주며, 필요할 때만 개입하는 가이드형 리더십이 바로 그들이 가장 편안하게 느끼는 리더십의 형태다.** 그리고 이러한 리더십 감각은 단지 가정이나 조직 내에만 머무르지 않는다. 디지털 시대가 본격화된 지금, 기성세대 중심의 표준화된 피라미드형 조직은 더 이상 통하지 않는다. 과거 산업화 시대에 적합했던 일방적 명령 체계와 수직적 리더십은 창의성과 자율성이 핵심 역량이 되는 미래 협업 환경에서는 오히려 걸림돌이 된다.

유연한 협업 생태계를 추구하는 요즘 세대의 염원, 그리고 관계 중심의 리더십에 대한 선호는 앞으로 사회 전반에 걸쳐 새로운 리더십 패러다임의 필요성을 제기할 것이다. 이들은 기존의 질서에 조용히 순응하지 않고 스스로가 납득 가능한 시스템과 관계 맺음을 요구한다. 이는 곧 사회 변화를 위한 요즘 세대의 험난한 전투에서 지속적인 실험과 혁신을 동반하며 또 다른 전선을 형성하게 될 것이다. 지시 및 권위 기반 리더십은 점점 설 자리를 잃고 공감과 협업을 중심에 둔 네트워크형 리더십이 이들의 손에서 실험되고 진화해 갈 것이다.

자리가 사람을 망친다

"자리가 사람을 만든다." 이 말은 오랫동안 조직 사회의 진리처럼 받아들여져 왔다. 아직 부족한 사람이라도 리더라는 자리에 앉히면 그 역할이 사람을 단련시키고 책임감과 통찰을 갖춘 인물로 변화시킨다는 믿음이다. "중책을 맡기면 달라진다", "역할이 사람을 성장시킨다"는 말도 같은 맥락에서 나온다.

실제로 많은 리더십 이론에서 역할 부여는 핵심적인 성장 전략으로 다뤄진다. 잠재력이 아직 드러나지 않은 사람이라도 중요한 자리에 오르면 스스로를 단속하고 주변의 시선을 의식하며, 점차 그에 걸맞은 사람이 되어간다는 것이다.

이러한 신념은 과거의 수직적 조직문화와 잘 맞아떨어졌다. 상명하복이 분명하고 연공서열이 뚜렷한 시스템 속에서는 자리가 곧 권위였고, 그 권위가 사람을 변화시키는 힘으로 작동했다. 리더가 되는 순간 말투가 달라지고 옷차림이 바뀌며, 행동에는 무게가 실렸다. 리더라는 자리는 일종의 역할 수행의 장이었고, 사람들은 그 무대 위에서 자신을 연기하며, 동시에 성장했다.

그러나 이 전통적인 신념에 정면으로 반박한 이론이 있다. 바로 '피터의 법칙Peter Principle'이다. 1969년, 캐나다의 교육학자 로렌스 J. 피터Laurence J. Peter는 《The Peter Principle》이라는 책을 통해 조직 내 승진 시스템의 모순을 지적했다. 피터의 핵심 주장은 이렇다. "사람은 자신의 무능력이 드러나는 지점까지 승진한다."

조직에서는 구성원이 특정 직무에서 유능하다고 판단되면 보통 그보다 높은 직책으로 승진시킨다. 그런데 문제는 상위 직책에서 요구되는 능력은 기존 직무와 다를 수 있다는 점이다. 예를 들어, 영업 실적이 뛰어난 직원이 승진하여 팀장이 되더라도 사람을 이끄는 리더십이나 조직 관리에 대한 역량이 부족하다면 그 자리에서는 오히려 무능하게 보일 수 있다. 이런 식으로 사람은 자신이 더 이상 유능함을 발휘할 수 없는 수준까지 올라가고 결국 거기에서 멈춘다. 그 결과, 해당 직위는 본래 요구하는 리더십이나 통찰력을 갖추지 못한 사람에게 맡겨지게 되고, 조직 전체는 점차 무능한 리더로 채워지는 구조적 문제에 직면하게 된다.

피터의 법칙은 단순히 개인의 한계를 비판하는 이론이 아니다. 오히려 이는 조직이 능력의 종류를 정밀하게 구분하지 않고 성과에 대한 보상으로서 승진을 기계적으로 부여하는 시스템의 비효율을 지적한 이론이다. 역할이 사람을 만드는 것이 아니라 역할이 사람을 무너뜨릴 수도 있다는 점을 강조한 것이다.

자리가 사람을 망가뜨릴 때

요즘 세대는 이러한 구조적 함정을 본능적으로 감지한다. "내가 지금 잘하고 있는 일과, 승진 후 맡게 될 일은 전혀 다른 능력을 요구하는데, 왜 단지 성과를 냈다는 이유만으로 더 높은 자리를 맡아야 하지?", "그 자리를 감당할 준비가 아직 안 된 건 아닐까?" 이런 질문들은 단순한 자기 회의가 아니다. 이는 오히려 피터의 법칙이 오늘날에도 유효하다는 것을 직감한 세대의 심리적 저항이다. 자리를 보상으로 여기는 구조에 대한 이 회의는 리더 역할 자체에 대한 회피 정서, 즉 리더 포비아로 연결된다.

요즘 세대가 리더 자리에 대한 부담과 회피를 느끼는 이유는 리더의 역할이 지나치게 모호하게 느껴지기 때문이다. 팀원이었을 때는 정해진 목표와 과제가 있었고 성과의 기준도 명확했다. 하지만 팀장이 되는 순간, 무엇을 해야 할지조차 스스로 정의해야 하는 위치에 놓인다. 그 누구도 "팀장은 이런 일을 하면 된다"고 명확하게 알려주지 않는다. 상사도, 회사 매뉴얼도, 선배도 그 답을 대신해 줄 수 없다. 리더가 된다는 것은 단순히 위임받는 것이 아니라 정의하는 자리다. 자신이 어떤 리더가 될 것인지, 어떤 방식으로 팀을 운영할 것인지, 어떤 문제에 집중할 것인지를 스스로 설계하고 결정해야 한다. 이 과정은 생각보다 훨씬 복잡하고 정신적인 에너지를 많이 소모하는 일이다.

리더라는 자리는 고정된 기술이나 태도가 아니다. 자신의 성향과

강점, 팀원들의 성격, 현재 조직의 문화와 과제, 그리고 주어진 맥락을 통합적으로 고려해야 한다. 예컨대, 팀원 대부분이 자율성과 창의성을 중시한다면 방향을 제시하는 조력자가 되어야 하고, 팀이 큰 혼란 속에 있다면 때로는 결단력 있는 조타수가 되어야 한다. 한 가지 정답은 없고 정해진 매뉴얼도 없다.

즉 리더는 '해야 할 일'을 수행하는 사람이 아니라, '무엇이 중요하고, 어디에 집중할지를 스스로 판단하고 방향을 잡는 사람'이다. 그리고 그 판단의 무게는 리더의 어깨 위에 오롯이 올라간다.

그렇기에 리더가 된다는 것은 단지 상위 직책을 맡는 것이 아니라 자신의 리더십 철학을 세우고 매 순간 그것을 시험받는 과정이다. 이는 곧, 정체성과 가치관을 투입하는 역할 설계의 과정이다. 요즘 세대에게 리더의 자리는 명령하고 통제하는 권위의 자리가 아니라 수많은 질문과 선택, 감정노동이 얽힌 복합적 책임의 자리에 가깝다. 여기에 더해, 정보 환경의 변화 역시 리더십 부담을 가중시키는 중요한 요인이다. 지금은 누구나 휴대기기 하나만으로 시간, 공간, 비용의 제약 없이 방대한 정보를 수집하고 공유할 수 있는 세상이다. 정보의 접근성이 급격히 높아지면서 개인과 조직 모두에게 투명성과 신뢰성에 대한 요구가 커졌다. 과거에는 리더가 정보를 독점하고 그것을 통제하는 방식으로 권위를 유지할 수 있었지만 이제는 정보가 구성원들에게도 동등하게 열려 있다. 이로 인해 리더가 가졌던 전통적인 권력은 약화되고 팔로워들의 영향력은 강화되고 있다.

조직 내부에서도 변화는 가속화되고 있다. 과거처럼 상층부만이 중요한 정보를 갖고 있던 시대는 끝났고 정보의 민주화가 이루어지면서 수평적이고 투명한 조직 운영이 필수가 되었다. 실제로 많은 기업이 직급을 폐지하거나 호칭을 단순화하는 등의 변화를 시도하며 수평적 문화를 조성하고 있다. 이 과정에서 리더는 더 이상 권위라는 외피로 자신의 약점을 가릴 수 없다. 오히려 구성원들의 눈앞에 모든 모습이 투명하게 드러나는 유리벽 안에 서 있는 것과 같다. 리더의 판단, 의사소통 방식, 문제 해결 접근법까지 일거수일투족이 평가의 대상이 된다. 결국 리더에게 요구되는 역량은 과거보다 훨씬 다양해지고 높아졌지만 리더가 행사할 수 있는 권력은 오히려 줄어들었다.

그럼에도 불구하고 많은 조직에서는 '어떻게 리더가 되어야 하는가'에 대한 교육이나 지원이 거의 이루어지지 않는다. 설령 교육이 제공되더라도 단발성 워크숍이나 이론 중심의 강의에 그쳐 실질적인 준비나 역량 개발로 이어지지 못하는 경우가 많다. 리더십에 대한 지속적인 피드백, 실제 사례 기반의 코칭, 맥락을 고려한 역할 설계 훈련은 거의 부재한 상태다. 그럼에도 불구하고 책임은 온전히 개인에게 부여된다. 준비할 시간도, 설계할 기회도 없이 그저 '이제 너는 팀장이니 알아서 잘해보라'는 식이다. 이는 리더십 회피를 부추기고 리더십 실패를 개인의 무능력으로 돌리는 악순환을 만든다.

후배 포비아

　요즘 세대가 리더 자리에 올랐을 때, 그들을 기다리고 있는 건 권한이나 존중이 아니라 '후배 포비아'라는 새로운 장벽이 있다. 많은 젊은 리더들이 후배에게 말을 건네는 것조차 부담스러워한다. 후배에게 피드백을 주는 일, 조언을 건네는 일이 자칫하면 '지적질', '꼰대질'로 오해받을 수 있다는 두려움 때문이다. 더욱이, 후배가 최신 기술과 정보를 빠르게 습득하며 실무에 바로 적용하는 모습을 보면서, "내가 정말 이들에게 줄 수 있는 것이 있나?"하는 무력감을 느낀다. 경험으로 축적된 지식이 더 이상 우위를 보장하지 않는 시대에 지식이 역전되는 상황은 요즘 리더에게도 심리적 위기를 불러온다.

　이러한 심리적 압박감은 리더십을 위축시킨다. 말을 아끼고 피드백을 회피하게 만든다. 팀원과의 관계를 조심스럽게만 유지하려다 보면 협력보다는 거리감만 깊어지고 만다. 결국 리더는 고립되고 팀은 성장의 동력을 잃는다. 자신감은 떨어지고 자리를 감당할 역량이 부족하다는 자기 의심은 더 깊어진다.

　이처럼, 후배 포비아는 단지 선배 세대의 문제만이 아니다. 요즘 세대가 리더가 되었을 때도 마찬가지로 작동하는 구조적 심리 장벽이다. 많은 조직이 여전히 "자리가 사람을 만든다"고 믿지만 후배 포비아처럼 역할 수행에 필요한 심리적·문화적 기반이 마련되지 않은 상태에서는 자리가 사람을 성장시키기보다는 오히려 망가뜨리기도 한다. 리더의 자리에 앉은 사람이 외로움과 압박에 시달리며 자기 회의에 빠진다면 그 자리는 성장의 사다리가 아니라 번아웃의 지름길이 된다. 즉 자리가 사람을 만드는 것이 아니라 사람이 자리를 감당할 수 있게 돕는 구조와 문화가 필요하다. 리더십은 위임이 아니라 설계의 문제이며 리더로서의 나를 탐색하고 실험할 수 있는 안전한 공간이 주어지지 않는 한, 리더라는 자리는 능력의 증명보다는 정체성의 혼란을 야기할 가능성이 크다. 특히 지금처럼 지식 권위가 쉽게 붕괴되고 소통 방식이 세대마다 충돌하는 시대에는 혼자서 감당해야 하는 리더십은 개인의 역량만으로는 버티기 어려운 구조적 리스크를 안고 있다.

후배 포비아는 단순히 후배 세대만의 문제는 아니다. 중간 관리자들이 후배와의 관계에서 겪는 심리적 압박감도 후배 포비아를 유발하는 중요한 요소이다. 컬럼비아 대학교의 최근 연구에 따르면, 관리자가 직장 내 하위 직급 사람들보다 불안을 겪는 비율이 두 배나 높다는 결과가 나왔다.[23] 이 연구는 중간 관리자들이 자신의 역할을 수행하면서 겪는 불안감과 스트레스가 매우 크다는 것을 시사한다. 중간 관리자는 상위 관리자와 하위 직원들 사이에서 역할을 조율해야 하는 위치에 있기 때문에 자신이 내려주는 피드백이나 조언이 어떻게 받아들여질지에 대한 두려움을 항상 안고 살아간다.

이 연구에서 강조한 점은 **중간 관리자들이 후배에게 피드백을 주거나 멘토링을 하는 것에 대해 불안감을 느끼는 주요 원인 중 하나가 바로 '리더십의 역설적인 위치'라는 점이다.** 이들은 종종 경험이 부족한 후배에게 지시를 내리거나 피드백을 줄 때 '지시'가 아닌 '협력'의 태도

를 강조해야 한다는 압박감을 느낀다. 또한, 빠르게 변화하는 기술 환경에서 후배들이 선배들의 경험을 뛰어넘는 역량을 보일 때 중간 관리자들은 심리적으로 무력감을 느끼고 그들이 제공할 수 있는 가치가 부족하다고 느끼는 경우가 많다.

또한, 중간 관리자의 피드백이나 멘토링이 꼰대질로 오해받을까 봐 두려워하는 경향도 있다. 후배들이 더 이상 연차에 의한 지식 권위를 인정하지 않기 때문에 선배가 주는 피드백을 받아들이기보다는 반발하는 경우가 많다. 이로 인해 중간 관리자들은 후배와의 관계에서 더욱 회피적이 되며 결국 중요한 피드백이나 조언을 건네지 못하는 상황이 발생한다. 이런 심리적 장벽은 후배 포비아를 악화시키고 팀 내 협력의 단절로 이어질 수 있다.

리더 포비아를 극복한 기업의 비밀

리더 포비아의 시대에 가장 극적으로 혁신의 해법을 제시한 기업이 바로 마이크로소프트다. 2014년, 사티아 나델라가 CEO로 취임했을 당시 마이크로소프트는 한계에 직면해 있었다. 주가는 36달러 수준에 머물렀고 윈도우와 오피스에 의존한 수익 모델은 이미 성숙기에 접어들어 있었다. 무엇보다 조직 내부는 경직된 위계문화와 부서 간 경쟁으로 인해 협력보다 생존을 우선시하는 분위기가 팽배했다. 각 부서는 외부 시장이 아니라 서로를 경쟁 상대로 인식했고 성과 중심의 리더십 구조는 개인의 성과는 강조하되 조직 전체의 조화를 도외시하는 구조를 낳았다.

하지만 불과 10년 만에 마이크로소프트는 전혀 다른 기업으로 재탄생했다. 2024년, 이 회사의 주가는 400달러를 넘었고 수익 구조는 클라우드와 인공지능 등 미래지향적 플랫폼 중심으로 개편되었다. 그러나 이 같은 외형적 성공 뒤에는 기술 혁신만으로는 설명할 수 없는 조직문화의 깊은 변화와 리더십 구조의 재설계가 있었다.

사티아 나델라가 주목한 것은 기술보다 사람, 전략보다 관계였다. 그는 리더십을 소수 개인의 역량에 기대는 방식이 아니라 조직이 설계하고 작동시켜야 할 '구조적 시스템'으로 접근했다. 승진 중심, 실적 중심의 전통적인 평가체계는 구성원을 고립시키고 서로를 잠재적 경쟁자로 만들었다. 나델라는 이 구조를 해체하고 전혀 다른 질문을 인사평가의 중심에 놓았다. "직원의 성공에 도움을 준 것은 무엇인가?", "동료의 도움을 바탕으로 당신이 이룬 성과는 무엇인가?" 이는 단순한 형식 변경이 아니라 조직이 어떤 인간상을 바람직하게 여기는지를 재정의한 행위였다. 모든 임직원은 개인의 성과뿐 아니라 동료들과의 상호작용, 협업의 방식, 공동의 성장에 기여한 내용을 구체적인 서술로 증명해야 했다.

이러한 변화는 조직 내부에 실질적인 전환을 가져왔다. 과거에는 성과를 독점하거나 노하우를 감추는 것이 생존의 방식이었다면 이제는 서로를 돕고 지식과 자원을 공유하는 것이 성과로 연결되었다. 도움의 문화는 선택이 아니라 생존의 조건이 되었다. 리더는 더 이상 문제를 지시하고 해결하는 권위자가 아니라 도움이 오갈 수 있는 환경을 설계하고 유지하는 촉진자로 기능하게 되었다. 이는 리더십의 정의 자체를 뒤바꾼 변화였다. 리더십은 이제 상호작용의 질을 설계하는 구조적 책무로 자리잡았다.

이러한 도움의 리더십은 현대 조직이 겪고 있는 다양한 심리적 병목, 특히 후배 포비아와 같은 세대 간 갈등을 완화하는 데 결정적 역할을 한다. 후배에게 일방적으로 지식을 전수해야 한다는 부담이 줄어들고 함께 배우고 함께 해결하는 구조 속에서 선배와 후배는 상호적 존재로 다시 정의된다. 리더 또한 모든 해답을 가지고 있어야 하는 부담에서 벗어나 필요할 때 도움을 요청하고 연결할 줄 아는 존재로 인정받는다. 이는 리더에 대한 심리적 저항을 줄이고 구성원들이 리더십의 자리를 기피하지 않게 만드는 기반이 된다.

마이크로소프트의 도움의 리더십은 단순히 인사제도의 변화만으로 이루어진 것이 아니다. 리더십의 본질을 지시와 통제가 아니라 관계와 상호작용으로 재정의하는 과정에는 구조적 설계뿐 아니라 심리적, 문화적 조건이 함께 갖추어져야 한다. 도움이 조직에서 진짜 작동하기 위해서는 다음의 세 가지 전제 조건이 반드시 갖추어져야 한다.

첫째, 신뢰는 도움을 작동시키는 기본 인프라다. 서로간의 신뢰가 형성되지 않는 상황에서 리더가 "무엇을 도와줄까?"라고 말하면 그것은 순수한 제안이 아니라 간섭으로 해석되기 쉽다. 직원들 입장에서는 '진심일까?', '이 정보를 이용하려는 건 아닐까?'라는 방어적 태도가 먼저 작동하게 된다. 신뢰란 내가 어떤 생각, 감정, 혹은 부족함을 드러내더라도 상대방이 나를 낮춰보거나 불이익을 주지 않을 것이라는 확신을 갖는 상태다. 다시 말해, 진짜 신뢰가 형성된 조직은 직원이 자신의 부족함을 숨기지 않고 드러낼 수 있는 심리적 안전지대가 보장된 환경이다. 리더는 신뢰의 기반 없이 도움을 제안해서는 안 된다. 그것은 관계를 더 악화시키는 요인이 되기 때문이다.

둘째, 위상 관계의 균형을 조율해야 한다. 도움의 관계는 종종 권력의 불균형을 불러올 수 있는 함정을 가지고 있다. 리더가 직원의 어려움을 인식하고 도움을 주는 순간, 리더는 무의식적으로 위에 있는 사람의 자리를 점유하게 된다. 이 위상의 격차는 리더에게 특정한 유혹을 불러온다. 조언을 통해 자신의 경험을 과시하고 싶어지고 때로는 "그건 지난번에도 말했잖아"와 같은 방어적이고 우월한 태도를 취하게 된다. 그러나 이런 태도는 도움을 요청한 직원의 자율성과 자기 효능감을 위협하고, 리더십을 권력의 도구로 왜곡시킨다. 진정한 도움의 리더십은 일방적 조언이나 지식 전달이 아니라 상대방이 자기 역량을 회복하고 스스로 문제를 해결할 수 있도록 존중하는 태도에서 출발한다. 도움을 줄 때마다 리더는 '내가 지금 이 관계의 위상을 어떻게 설정하고 있는가?'를 자문해야 한다. 도움이 상대방의 위상을 올려주는 행위가 될 때 비로소 건강한 리더십이 가능해진다.

셋째, 리더는 '과정 컨설턴트 Process Consultant**'가 되어야 한다.** 리더는 문제의 정답을 제시하는 해결사가 되어서는 안 된다. 리더가 문제의 정답을 제시하는 해결사 역할에 머무르면 구성원은 스스로 문제를 정의하고 해결하는 능력을 기르기 어렵다. 무엇보다 해결사 리더십은 반복적이고 지속 가능한 방식이 아니다. 리더 한 사람의 역량에 의존하는 구조는 오래가지 못하며 결국 리더도 지치고 구성원도 수동적으로 변한다. 따라서 조직에서 리더의 역할은 과정 컨설턴트, 즉 문제 해결의 방향을 제시하기보다 의사소통의 과정과 관계의 맥락을 조율하는 사람으로 바뀌어야 한다. 과정 컨설턴트의 핵심은 겸손한 질문을 기반으로 한다. 예를 들어, "이 상황을 어떻게 이해하고 계신가요?", "당신이 지금 느끼는 가장 큰 어려움은 무엇인가요?", "어떤 방식으로 접근해보면 좋을까요?"와 같은 질문은 해결책을 제시하기 전에 문제를 공동으로 탐색하는 관계를 만들어준다. 이런 질문은 직원의 사고를 자극하고 리더와 구성원이 서로의 무지를 메꾸는 공동의 탐색자가 되도록 만든다.

그리고 이러한 탐색을 보다 구체적인 행동 변화로 연결시키기 위해 사용할 수 있는 도구가 '묘사적 피드백descriptive feedback'이다. 이는 행동을 구체적으로 묘사하고 그 행동이 미친 영향을 사실에 기반해 전달하는 방식이다. 가치 판단이나 추측을 피하고 실제 관찰된 행동과 그 결과에만 집중하기 때문에 피드백을 받는 사람 입장에서 방어심이 덜 들고, 행동 개선의 실질적인 단서를 제공받을 수 있다. 묘사적 피드백은 다음과 같은 SBI 기법Situation–Behavior–Impact의 구조를 따른다.

- 상황(Situation) : 아무것도 하지 않는 것
- 행동(Behavior) : 상대방이 실제로 한 구체적인 행동
- 영향(Impact) : 그 행동이 미친 구체적 결과

예시를 통해 살펴보면 다음과 같다.

- 긍정적 피드백 : "지난주 수요일 회의에서(S), 기획서를 미리 꼼꼼히 읽어와서(B), 회의 시간이 많이 단축됐어요. 덕분에 다른 팀원들도 집중해서 논의할 수 있었어요(I)."
- 개선 피드백 : "오늘 발표에서(S), 목소리가 조금 작아서(B), 뒷자리에 앉은 사람들이 내용을 잘 듣지 못한 것 같아요(I). 다음에는 목소리를 조금 더 크게 해주면 좋겠어요."
- 협업 상황 피드백 : "프로젝트 진행 중에(S), 일정 변경 사항을 미리 공유해줘서(B), 팀원 모두가 혼란 없이 준비할 수 있었어요(I). 앞으로도 이런 식으로 정보를 공유해주면 좋겠어요."

이처럼 묘사적 피드백은 추상적 판단 대신 구체적 사실에 집중하여 구성원의 행동을 존중하고, 자율적인 개선을 유도하는 데 효과적이다.

과정 컨설팅과 묘사적 피드백 모두 위계적 리더십이 아니라 수평

적 리더십, 관계 중심 리더십의 실천 방식이다. 그 목적은 단순한 성과 달성이 아니라 상호 신뢰와 위상 균형이 살아 있는 조직문화를 설계하는 것이다.

'자리가 사람을 만든다'는 말은 권한이 리더십을 정의한다고 보는 견해다. 그러나 도움의 리더십은 권한이 아니라 역할이 리더십을 정의해야 한다는 관점을 따른다. 이는 곧 누구나 특정 순간에 리더가 될 수 있으며, 공식적인 직책보다 관계 속 실질적 기여가 더 중요한 요소라는 의미다. 따라서 도움의 리더십은 자리에 오르는 것을 리더십의 시작이 아니라 관계적 역량을 발휘하는 기회로 전환시키며 자리로 인한 심리적 고립을 해소하는 해법이 된다. 이는 곧 후배와의 관계에서도 '직급이 높으니까 가르쳐야 한다'는 압박을 덜어내고, '지금 내가 어떻게 기여할 수 있을까?'라는 실천 중심의 태도로 전환하게 만든다.

세대 차이를 극복하는 피드백 방법

미국 최대 규모의 유기농·친환경 전문 슈퍼마켓 홀푸드마켓Whole Foods Market의 CEO이자 창업자인 존 매키John Mackey는 홀푸드마켓을 아마존에 137억 달러에 매각한 지 몇 년 후, 여러 차례 공개 강연에서 불만을 토로했다. 그가 비판의 대상으로 삼은 세대는 16세부터 25세 사이의 Z세대였다. 홀푸드마켓 근무 당시 매키는 환경의 지속 가능성, 제품의 윤리적 조달 등을 비롯하여 Z세대의 관심을 끌기 위해 여러 노력을 했으며, '깨어 있는 자본주의conscious capitalism'라는 용어까지 만들며 젊은 인재를 유치하고자 했다.

하지만 그는 Z세대를 제대로 이해하지 못했다.《리즌TV》와의 인터뷰에서 매키는 사람들이 직장에서 의미나 목적, 성취감을 기대하는 것은 시기상조라고 말했다. 그런 것들은 돈을 충분히 벌고 인생이 어느 정도 안정된 뒤에야 가능하다는 것이다. 그의 이 같은 세계관은 Z세대가 겪는 현실의 발달 욕구와는 어긋나 있었다. 다시 말해, Z세대는 이상적인 노동 조건 없이도 의미를 추구하며 성장하고자 하는데 매키는 이를 무시한 셈이다.

극도로 분업화된 사회에서는 일에 대한 의미나 목적을 잃기 쉽다. 국내에서도 익숙한 이스라엘의 역사학자 유발 하라리는 세상이 복잡해지고 각자가 맡은 역할을 나누다 보니 어느 누구도 전체를 볼 수 없게 되었다고 이야기한다. 그는 이로 인해 앞으로 우리의 미래는 더욱 위험해질 것이라고 경고했다.

매키의 불만은 단순한 개인 의견을 넘어 '세대 격차'라는 구조적 현상을 보여주는 대표 사례다. 그러나 여기서 되묻게 된다. 정말 Z세대가 잘못된 것일까? 아니면 세상이 이미 바뀌었음에도 과거의 기준으로 현재를 해석하려는 기성세대의 한계일까?

매키는 직장에서 의미나 성취감을 찾는 것은 나중 일이라고 생각했다. 하지만 **오늘날의 젊은 세대는 다르다. 그들은 일과 삶의 경계가 흐려진 세계에서 자라났고 노동 자체가 '왜 해야 하는가'라는 질문에 답을 줄 수 있어야 한다고 여긴다. 이건 단순히 '버릇 없음'도, '근성 부족'도 아니다.** Z세대는 더 빠르게, 더 일찍 자기 삶의 주도권을 쥐고자 한다. 기성세대가 느리게 걸어온 길을 두 배 속도로 달리며 그 길이 정말 자기 길이 맞는지를 끊임없이 되묻고 있다.

문제는 기성세대가 Z세대의 불만을 소셜미디어나 스마트폰 같은 피상적인 원인 탓으로만 돌리며 보다 근본적인 구조적 문제를 직시하지 않는다는 데 있다. 사실 세대 간 충돌은 인류 역사 전반에 걸쳐 거의 모든 기득권 세대와 새로운 세대 사이에서 반복되어 온 현상이다.

1937년 저명한 심리치료사 안나 프로이드Anna Freud는 이렇게 썼다. "청소년은 자신을 우주의 중심이자 유일한 관심사로 여기며 지나치게 자기중심적이다. …그들은 열렬하게 애정 관계를 맺지만 처음 시작할 때만큼이나 갑작스럽게 그 관계를 끊는다. 청소년들은 이 기적이고 물질만능주의의 면모를 보이는 동시에 고상한 이상주의로 가득 차 있다. 때때로 거칠고 배려 없이 행동하지만, 그들 자신은 지극히 예민하다. 그들의 기분은 속 편한 낙관주의와 더할 나위 없이 암울한 비관주의 사이를 오간다"[24]

하버드대 사회심리학자 애덤 마스트로이안니Adam M. Mastroianni 박사도 미국 성인들을 대상으로 각 세대의 도덕성에 대해 조사하며 이렇게 말했다. "윗세대는 자신들의 도덕적 가치는 유지되고 있지만 다음 세대에게는 그것이 결여되어 있다고 본다. 하지만 정작 자기 세대가 젊은 시절에 실수를 저질렀다고는 생각하지 않는다. 특히 나이가 많을수록 젊은 세대가 사회의 도덕적 구조를 망가뜨리고 있다고 확신하는 경향이 강했다."[25] 결론적으로 세대 차이는 '누가 틀렸는가'의 문제가 아니라 서로 다른 시대를 살아온 사람들이 '같이 살아가기 위한 이해의 기술'을 배우는 문제다.

갈등이 줄면 성장도 멈춘다

"피할 수 없으면 즐겨라"는 말이 있다. 이 말은 변화나 스트레스가 불가피한 상황에서는 저항하거나 불평하기보다는 태도를 바꾸어 그 상황을 긍정적으로 받아들이고 적응하라는 의미다. 이 말은 마음가짐의 전환을 통해 소극적인 회피 대신 능동적인 대처를 유도한다. 이는 개인의 정신건강에는 도움이 될 수 있지만 구조적이거나 반복적인 문제를 해결하는 데에는 실질적인 도움이 되지 않을 수 있다.

따라서 이 말이 항상 바람직한 해결책인 것은 아니다. 오히려 이 말을 거꾸로 해석한 "즐길 수 없으면 피하라"는 태도가 더 현실적인 해법이 될 때도 있다. 불편하거나 지속적으로 소모적인 상황이라면 억지로 적응하거나 긍정하려 하기보다는 그것이 자신에게 어떤 영향을 주는지를 인식하고 거리를 두거나 벗어나는 것이 필요하다. 때로는 회피가 소극적인 대응이 아니라 자기 보호이자 현명한 전략적 선택이 될 수 있다.

마음에 들지 않는 사람과 함께 일하는 것은 큰 스트레스를 유발할 수 있다. 특히 세대 차이가 클수록 그 갈등은 더욱 복잡하게 작용한다. 세대 차이는 단순한 나이의 격차가 아니라 서로 다른 시대를 살아온 경험과 문화적 배경, 가치관에서 비롯된 깊은 사고방식의 차이다. 이로 인해 업무 스타일, 커뮤니케이션 방식, 권위에 대한 태도 등에서 반복적이고 본질적인 마찰이 생기기 쉽다.

그렇다면 아예 마음에 들지 않는 세대와 일하지 않는 선택은 불가능한 일일까? 실제로 미국 은퇴자협회AARP에 따르면, 50세 이상 직원을 채용한 기업 수는 2021년 대비 122퍼센트 증가했으며, 뱅크오브아메리카, 마이크로소프트 등 2,500개 이상의 대기업이 시니어 채용을 확대하고 있다. 영국은 2000년 기준 65세 이상 근로자가 45만 7000명이었으나 2023년에는 100만 명 가까이 늘어난

143만 명으로 급증했다. 유럽연합 27개국의 65~69세 취업자 비율은 2012~2021년 사이에 평균 3퍼센트포인트 상승했다. 독일의 경우 동일한 시기에 취업자 비율이 6퍼센트포인트 상승했다. 국내에서도 시니어를 고용하는 기업을 늘어나고 있다. 한국의 65세 이상 취업자 수는 394만 명(2023년 2분기 평균)으로 관련 통계가 집계되기 시작한 1989년(38만2000명) 대비 10배나 증가했다.[26]

이 같은 흐름은 단지 고령 인구의 증가 때문만은 아니다. 만성적인 구인난을 겪고 있는 많은 산업 현장에서 기업들은 시니어 인력을 중요한 대안으로 주목하고 있다. 시니어 인력은 최신 기술 트렌드에는 다소 둔감할 수 있지만 기존의 조직문화에 익숙하고 성실성과 책임감이 높으며, 대면 소통에 능숙하다는 점에서 긍정적인 평가를 받고 있다. 특히 젊은 세대의 높은 이직률과 비대면 소통에 따른 조직 내 단절 문제가 부각되면서 안정성과 공동체 감각을 중시하는 시니어 인력의 가치가 재조명되고 있다.

국내 한 중견기업은 반복적인 세대 갈등으로 인해 조직 내 피로감과 업무 효율 저하를 경험하면서 과감한 실험에 나섰다. 20~30대의 신규 채용을 전면 중단하고 40대 이상의 시니어 인력으로만 조직을 운영하기로 결정한 것이다. 초기 몇 년간은 이 전략이 긍정적인 결과를 가져오는 듯했다. 세대 간 가치관 충돌이나 의사소통 방식의 차이에서 비롯된 갈등이 사라지면서 내부 만족도와 업무 안정성이 높아졌다. 의사결정의 속도도 빨라졌고 조직의 일체감도 상승했다.

하지만 시간이 지나면서 구조적인 문제가 드러나기 시작했다. 기술 변화의 흐름을 따라가기 어려워졌고 젊은 세대와의 단절로 인해 신기술이나 새로운 업무 방식에 대한 유연성이 떨어지기 시작했다. 더 큰 문제는 내부 지식의 전승 구조가 단절되면서 조직의 지속가능성과 혁신 역량이 급격히 약화된 것이다. 특히 기존의 틀을 벗어난 창의적 사고나 새로운 관점이 필요한 업무에서는 성과가 현저히 낮아졌다. 인건비 부담 역시 점점 커졌고, 결국 이 기업은 시행 6년 만에 다시 신입 공채를 재개하며 젊은 세대의 유입을 허용하게 되었다.

이 사례는 우리에게 냉정한 교훈을 남긴다. 시니어 인력만으로 유지될 수 있는 기업은 극히 일부에 불과하다. 세대 갈등이 불편하다고 해서 젊은 세대를 아예 배제하거나 대화를 피하는 방식으로 상황을 넘기려는 시도는 단기적으로는 조직 내 평온을 유지하는 것처럼 보일 수 있다. 그러나 그것은 어디까지나 미봉책에 불과하며 결국에는 조직의 성장 가능성과 미래 경쟁력을 갉아먹는 선택이 될 수밖에 없다.

세대 간 갈등은 오늘날 조직이 직면한 불가피한 현실이다. 그러나 그것을 단순한 충돌로만 볼지, 아니면 다양한 시각과 경험이 공존하는 자산으로 전환할지는 전적으로 조직의 태도에 달려 있다. 결국 조직이 취해야 할 방향은 회피가 아닌 조율이며, 단절이 아닌 공존이다. 이러한 태도야말로 지속 가능한 조직의 기반이 된다.

요즘 세대와 세대 차이를 극복하는 법

직장 내 세대 차이는 이제 낯선 이야기가 아니다. 세대 간 오해의 대부분은 소통의 간극에서 비롯된다. 그리고 그 소통의 핵심이자 해법은 바로 '피드백'이다. Z세대를 포함한 요즘 세대는 피드백이 없는 조직을 '자신을 보지 않는 조직'으로 받아들인다. 소외감은 그 자체로 이직의 이유가 되며 동기 저하로 이어진다. 미국 갤럽Gallup의 연구에 따르면, 최근 1주일 내 의미 있는 피드백을 받은 직원의 80퍼센트가 업무에 몰입하고 있다고 응답했다. 반면, 피드백이 부족한 직원들은 "내가 이 팀에 꼭 필요한 존재인지 모르겠다"는 식으로 정서적 거리감을 표현한다. 또 HR 소프트웨어업체 스태프서클StaffCircle의 설문조사에 따르면, Z세대 직원의 73퍼센트는 관리자와의 빈번한 피드백과 소통이 없을 경우 조직을 떠날 가능성이 높다고 응답했다. 이는 다른 세대 직원들(52%)보다 훨씬 높은 수치였다.[27] 연구 결과에서 보듯 요즘 세대는 평가가 아닌 성장의 도구로서 피드백을 인식하고 있다.

우리는 누군가의 마음을 상하게 하지 않기 위해 '칭찬 샌드위치'를 피드백 방법론을 주로 활용한다. **칭찬 샌드위치란 '칭찬 – 문제 지적 및 개선점 – 격려'의 순서로, 듣는 사람의 자존감을 해치지 않으면서도 중요한 메시지를 전달하는 방식이다.** 실제로 이 방식은 교육 현장뿐만 아니라 조직 내 상하 관계에서의 성과관리, 부모와 자녀 간의 대화 등 다양한 영역에서 널리 사용되고 있다.

칭찬 샌드위치는 말 그대로 비판을 긍정의 언어로 감싸는 기술이다. 단점만 지적하면 상대방은 방어적으로 반응하지만, 칭찬과 함께 전달하면 더 열린 자세로 개선점을 수용하게 된다. 그런 점에서 칭찬 샌드위치는 겉보기에 이상적인 도구처럼 보인다. 하지만 요즘 세대에게는 이 방식이 더 이상 통하지 않는 경우가 많다. 예컨대 한 고등학생은 이렇게 말했다. "선생님이 내 노력은 칭찬했지만 아이디어는 칭찬하지 않았어. 내가 공부에 소질이 없다는 뜻일까?" 또 한 회사원은 회식 자리에서 조용히 털어놨다. "사람들이 나에게 '발표를 더 잘하면 좋겠다'고 하던데, 그 말이 '너는 이 회사에 어울리지 않아'라는 뜻 같았어요."

이들은 분명 칭찬을 들었지만 마음은 더 아팠다. 그 이유는 요즘 세대가 권위 있는 인물로부터 피드백을 받을 때 단순한 조언으로 끝나지 않고 훨씬 더 깊은 차원의 질문을 던지기 때문이다. "내 인생을 좌우할 힘을 가진 이 사람이 나를 무능하다고 생각하는 걸까?" 그들에게 비판은 단순한 행동 교정이 아니라 존재에 대한 평가처럼 받아들여질 수 있다. 따라서 아무리 건설적인 내용일지라도 신뢰라는 심리적 안전망이 확보되지 않으면 비판은 즉각적인 위협으로 전환된다. 결국 피드백이 진정한 조언으로 받아들여지기 위해서는 말의 내용보다 먼저 "이 사람이 나를 해치려는 게 아니라 돕고자 한다"는 안정감이 선행되어야 한다. 그래야만 말의 내용이 곧 의도와 일치하고 듣는 사람도 이를 있는 그대로 받아들일 수 있다. 지금 세대에게 필요한 것은 잘 포장된 메시지가 아니라 안전한 관계 속에서 주고받는 명확한 신호다.

칭찬의 진심이 왜곡되는 또 다른 이유는 이미 그 마음엔 불신의 장벽이 자리 잡고 있기 때문이다. 불신의 장벽이란 상대방의 말보다 숨은 의도를 더 먼저 해석하려는 마음의 상태다. 관계에서 신뢰가 약할수록 사람들은 말보다 행간을 본다. 즉 말의 내용보다 뉘앙스, 표정, 타이밍, 어투 같은 사소한 요소들에 과도하게 의미를 부여한다. 이때 칭찬 샌드위치는 역효과를 낳을 수 있다. "앞에 칭찬한 건 그냥 분위기 띄우려는 수사겠지.", "진짜 하고 싶은 말은 그 중간에 있는 비판일 거야.", "결국 내가 부족하다는 말이잖아." 이처럼 칭찬의 의도가 왜곡되면서 피드백은 소통이 아닌 위협으로 작용하게 된다. 그리고 그 위협은 피드백을 통한 성장이 아니라 거리두기와 방어 반응을 유발한다. 그 결과, 세대 간의 간극은 더욱 깊어지고 피드백은 관계를 좁히는 도구가 아니라 세대 차이를 확대하는 계기가 되어버린다.

이러한 **악순환을 끊기 위해 필요한 첫 걸음은 바로 의미의 투명성이다.** 피드백을 주는 사람이 자신의 말에 담긴 의도와 감정, 그리고 진짜 목적을 분명하게 밝히는 것, 그것이야말로 신뢰를 회복하고 세대 간 소통을 회복하는 가장 현실적인 방법이다.

많은 조직과 인간관계는 돌려 말하는 문화를 가지고 있다. 특히 상하 관계에서는 직접적인 표현을 피하는 것이 예의처럼 여겨지곤

한다. 하지만 요즘 세대는 다르다. 그들은 돌려 말하는 것에 불편함을 느끼고 때로는 그 속에 부정적인 의도가 숨어 있다고 해석한다. 오히려 명확하고 직설적인 표현이 오해를 줄이고 신뢰를 높인다고 여긴다.

피드백을 건넬 때는 다음과 같은 질문에 대한 답을 처음부터 명확하게 제시하는 것이 중요하다. "이 말의 요점은 무엇인가?", "이 이야기를 하는 목적은 무엇인가?", "내가 바라는 변화는 정확히 어떤 것인가?" 이처럼 의미를 명확히 드러내는 것이 효과적인 소통의 출발점이지만 때로는 투명성만으로는 관계의 벽을 허물기 어려운 경우도 있다. 예를 들어 다음과 같은 상황을 생각해 보자. 한 시민이 길을 걷고 있는데 제복을 입고 무장한 경찰관이 다가와 말을 건다.

경찰관 : 안녕하세요? 저는 서울경찰청에 근무하는 ○○○입니다. 저와 잠시 이야기 좀 나눌 수 있을까요?

시민 : 네…. 그런데 무슨 일이 있나요?

경찰관 : 아닙니다. 그냥 이야기 하고 싶어서요.

시민 : 아…. 그런데 진짜 무슨 일이 있어요?

이 짧은 대화를 통해 우리는 불신의 장벽이 작동하는 전형적인 사례를 볼 수 있다. 경찰관이 아무리 부드럽게 말을 건네고 아무런 의도가 없다고 설명해도 시민은 긴장과 경계심을 먼저 느낀다. 왜냐하면 이미 관계의 구조 자체가 위협적인 맥락으로 인식되기 때문이다. 제복과 무장, 권력의 상징이 불러오는 암묵적인 거리감은 단순한 언어적 투명성만으로 해소되지 않는다. 이처럼 때로는 아무리 의미를 명확하게 전달하더라도 상대방이 놓인 맥락이나 권력 구조, 그리고 기존의 감정적 거리가 그 메시지를 왜곡시킨다. 이런 상황에서는 단지 '말을 잘하는 것'만으로는 부족하다.

그렇다면 이런 경우는 어떨까? 같은 경찰관이라도 제복과 무장을 벗은 상태에서 일반복장을 하고 투명한 의도와 공감의 언어로 접근할 때 상황은 전혀 다르게 흘러간다.

경찰관 : 안녕하세요? (신분증을 보여주며) 저는 서울경찰청에 근무하는 ○○○입니다. 시민들의 편의에 대해서 인터뷰 중인데 저와 잠시 이야기 좀 나눌 수 있을까요?

시민 : 네….

경찰관 : 이 동네에서 근무하시나 봐요?

시민 : 네, 1년 365일 내내 여기 있는 기분이에요.

경찰관 : 일은 할 만한가요?

시민 : 딱히 좋아서 한다기보다는 그냥 견디는 거죠.

경찰관 : 저랑 같은 마음이네요. 전 늘 이 거리를 지켜요.

시민 : 아, 저보다 더 힘드시겠어요.

이 대화에서 우리는 완전히 다른 분위기를 감지할 수 있다. 시민은 처음에는 경계심을 가졌지만 경찰관의 의도 설명, 가벼운 농담,

공감의 표현을 통해 점차 정서적으로 열리는 모습을 보인다.

여기에는 두 가지 중요한 요소가 작용한다. **첫째, 관계의 비대칭성이 완화되었기 때문이다.** 제복과 무장이라는 상징적인 권위를 제거한 경찰관은 더 이상 권력의 상징이 아니라 한 사람의 인터뷰어로 등장한다. 이것만으로도 시민은 덜 긴장하게 된다. 조직에서도 비슷한 원리가 작동한다. 직급, 직함, 호칭, 회의실 배치, 복장, 말투 같은 요소들은 모두 상징적인 권위를 드러낸다. 이런 상징이 강할수록 부하직원은 자연스럽게 긴장하고 방어적인 태도를 취하게 된다. 티베트의 정신적 지도자인 달라이라마 14세Dalai-Lama XIV는 "투명성이 부족하면 불신과 깊은 불안감이 생겨난다"고 말했다. 피드백의 내용보다도 누가, 어떤 방식으로, 어떤 태도에서 말하는가가 먼저 해석의 기준이 된다. 결국 말의 진심이나 의도는 그 뒤에 가려지고 만다.

둘째, 경찰관의 말에는 의미의 투명성과 감정의 공감이 함께 담겨 있었다. "인터뷰 중입니다", "시민들의 편의를 듣고 싶습니다"라는 말은 그가 왜 말을 거는지를 분명히 밝혀준다. 또 "저랑 같은 마음이네요"라는 표현은 단순한 정보 전달을 넘어선 심리적 유대 형성의 시작이다. 이처럼 투명한 의미 전달과 함께 권위가 아닌 인간으로서의 접근은 불신의 장벽을 낮추는 데 결정적인 역할을 한다.

세대 간의 갈등은 가치관의 차이로 자주 설명되지만 실제로는 의미를 해석하는 방식의 차이일 때가 많다. 기성세대는 "그 정도 말이면 알아들을 줄 알았지"라고 생각하지만 요즘 세대는 "그 말의 진짜 의미는 뭐지?"를 묻는다. 그 사이에는 암묵성에 대한 기대와 불신이라는 커다란 간극이 존재한다. 따라서 우리는 표현 방식이 아닌 의미 해석의 방식을 중심으로 피드백 문화를 다시 설계해야 한다. 그리고 그 중심에는 항상 투명성이 있어야 한다.

지시하지 않는다

요즘 세대는 지시받는 것을 유난히 싫어한다. 단순히 고집이 세서가 아니다. 이들은 일방적인 명령을 존중 부족으로 인식하며 주도성과 수평적인 관계를 중시하는 성향을 갖고 있다. 이는 개인의 특성이기보다 세대 전반의 태도 변화에 가깝다.

실제로 컨설팅 회사 딜로이트Deloitte가 발표한 《2023 Z세대와 밀레니얼 세대 보고서》에 따르면, Z세대의 75퍼센트는 "조직 내에서 자신의 의견이 존중받고 반영될 때 업무 몰입도가 높아진다"고 응답했다.[28] 반면, 전통적인 위계형 리더십이나 일방적인 업무 지시 방식에 대해서는 "동기 부여가 되지 않는다"거나 "조직의 일원이 아니라 도구처럼 느껴진다"는 답변이 주를 이뤘다. 또한 글로벌 HR 플랫폼 워크플레이스 트렌드Workplace Trends의 설문조사 결과에 따르면, Z세대의 68퍼센트는 "지시보다 설명과 협의가 동반되는 리더십을 선호한다"고 밝혔다. 특히, "왜 이 일을 해야 하는가"에 대한 명확한 맥락 제공 없이는 단순한 명령조 지시에 거부감을 느낀다고 응답한 비율이 전체 응답자의 72퍼센트에 달했다.

이러한 경향은 스포츠 분야에서도 비슷하게 나타난다. 미국 NBA의 전설적인 슈팅 코치인 칩 엥겔랜드Chip Engelland는 선수가 훈련 중에 슛을 실패했을 때 절대 "틀렸어, 멈춰, 이렇게 해!"라고 지적하지 않는다. 대신 그는 이렇게 묻는다. "어떤 느낌이었어?"[29]

그의 질문에는 비난도 지시도 없다. 오로지 호기심과 존중, 그리고 스스로 답을 찾게 하려는 배려만 담겨 있다. 이 방식은 선수의 자율성과 내적 동기를 자극하며 무엇보다 신뢰를 기반으로 한 성장형 피드백을 가능하게 한다.

칩 엥겔랜드의 대화법은 비단 스포츠 코칭에만 국한되지 않는다. 조직에서도 동일한 원리가 적용된다. 요즘 세대는 지시보다 질문을 통해 자신이 존중받고 있다고 느낀다. "왜 이렇게 했어?"보다는 "이 과정에서 어떤 점이 어려웠어?", "다시 한다면 어떻게 해보고 싶어?" 같은 질문은 그들에게 단순한 수행자가 아닌 생각하는 주체로서의 정체감을 부여한다.

이러한 방식은 철학에서도 오래전부터 강조되어왔다. 플라톤의 《메논》 중에서 소크라테스는 이렇게 말한다. "나는 그에게 묻기만 할 뿐 가르치지 않을 것이고, 그는 궁금한 점을 내게 물을 것입니다." 이는 질문을 통한 배움이 단순한 교육 기술을 넘어 인간이 스스로 사유하고 성장할 수 있다는 믿음에서 비롯된 방식임을 보여준다.

하지만 그렇다고 해서 모든 질문이 좋은 질문인 것은 아니다. 예를 들어, "이 일이 너에게 어떤 의미야?", "그런 의미에 대해 어떤 기분이 들었어?", "그게 네가 이루는 목표에 도움이 돼?"와 같은 질문은 겉보기에는 관심과 배려처럼 보일 수 있지만 자칫하면 상대가 문제의 원인을 자신에게서 찾게 만들고 '내가 뭔가 잘못 생각하고 있구나'라는 압박감을 줄 수 있다. 이런 방식은 자녀나 부하직원에게 자신의 관점이 문제가 되고 있다는 사실을 인식하게 만드는 데 초점이 맞춰져 있다.

반면, "이 일이 달리 어떤 의미가 있을까?", "그렇게 생각하면 어떤 기분이 들어?", "그러면 네가 이루려는 목표에 도움이 될 것 같아?"와 같은 질문은 훨씬 열려 있는 방식이다. 이런 질문은 상대방이 스스로 사물이나 상황을 바라보는 다른 관점을 탐색하도록 유도하며, 보다 바람직한 동기를 발견하게 도와준다. 단순히 문제를 지적하는 것이 아니라 새로운 해석의 가능성을 제시함으로써 자율적이고 긍정적인 변화를 이끌어내는 것이다.

이런 질문이 효과적인 이유는 사람들은 상황 그 자체보다 그 상황에 대해 자신이 부여한 의미에 더 강하게 반응하는 경향이 있기 때문이다. 대부분의 사람은 "상황이 객관적으로 끔찍하기 때문에 내가 힘든 것이다"라고 생각한다. 하지만 실제로는 "내가 그 상황을 어떻게 해석하느냐"에 따라 감정도 행동도 달라진다. "내가 상황을 보는 방식이 문제일 수도 있고 다른 관점에서 보면 도움이 될 수도 있겠다"는 생각은 대부분 스스로 떠올리지 않는다. 그렇기 때문에 이런 방식의 질문과 피드백은 단순히 그 순간의 위기를 넘기게 해줄

뿐만 아니라 앞으로도 보다 낙관적이고 건설적인 방식으로 문제를 바라보는 힘을 길러준다.

그럼에도 불구하고 이렇게 효과적인 질문 방식이 많은 사람들에게 자연스럽지 않게 느껴지는 이유는 무엇일까? 바로 '지시 충동' 때문이다. 지시 충동은 대부분 선의에서 비롯된다. 아이가 힘들어할 때, 후배가 헤매고 있을 때, 우리는 도와주고 싶은 마음에 "이렇게 해", "그건 아니지", "내 말대로 해봐"라고 말하고 싶어진다. 하지만 이런 방식은 오늘날의 젊은 세대에게는 존중받지 못한다고 느껴지는 대표적인 접근법이다. 지시를 받는 순간 자율성과 주체성이라는 내적 기반이 무너진다. 그 결과, 오히려 더 깊은 좌절을 겪게 되고 세대 간의 심리적 거리도 점점 벌어진다.

자전거 타기를 생각해 보자. 아무리 많은 지시를 해도 자전거는 몸으로 균형을 잡으며 배우는 것이다. 이와 마찬가지로, **존중받는 방법, 업무를 배우고 리더십을 깨닫는 방식도 말로 가르치기보다는 작은 상호작용의 축적 속에서 몸으로 체득해야 한다. 하지만 지시는 이 과정을 생략하게 만들고 젊은 세대가 스스로 깨달을 수 있는 기회를 박탈한다.** 게다가, 지시는 그 자체로 무례하게 느껴질 수 있어 동기를 꺾고 관계를 경직되게 만든다. 결국, 질문은 단순한 기술이 아니라 존중, 자율성, 학습을 촉진하는 문화적 언어다. 질문은 "지금 이 사람이 겪는 경험을 내가 대신 판단하거나 통제하지 않겠다"는 선언이며, 그 자체로 관계를 평등하게 만든다. 이런 태도야말로 오늘날의 조직과 사회가 신뢰를 기반으로 함께 성장하기 위해 반드시 필요한 접근법이다.

요즘 세대의 행동을 이끄는 방법

사람의 행동을 이끄는 '이익'에는 두 가지 유형이 존재한다. 하나는 눈앞의 이익, 그리고 다른 하나는 시간이 흐른 뒤에 주어지는 장기적 이익이다. 눈앞의 이익은 일반적으로 즉각적인 즐거움, 불쾌함의 회피, 혹은 보상의 자극으로 표현된다. 예를 들어 "지금 배우는 내용은 재미있고 네가 좋아하는 것과 연결돼 있어"라든가 "숙제를 안 하면 선생님이 화내고 벌을 줄 거야"와 같은 말은 모두 단기적 이익 또는 단기적 처벌 회피를 자극하는 방식이다. 반면, 장기적 이익은 노력의 대가로 돌아올 가능성 있는 미래의 성공을 약속하는 형태를 띤다. "이걸 공부해서 시험을 잘 보면 좋은 대학에 가고, 좋은 직장에 취업해 안정적인 삶을 살 수 있어"와 같은 메시지는 장기적 이익을 강조한다.

많은 사람들, 특히 요즘 세대일수록 이런 장기적 제안에 선뜻 마음이 움직이지 않는다. 행동경제학의 다수 연구에 따르면, "지금 당장 5달러를 받을 것인가, 1년 뒤에 10달러를 받을 것인가?"라는 질문에 대다수의 사람들은 '지금 당장 5달러'를 선택한다. 이처럼 **미래**

의 보상을 현재보다 낮게 평가하는 경향을 심리학에서는 '시점 할인 temporal discounting'이라고 한다.

요즘 세대는 왜 더 강한 '시점 할인' 경향을 보일까?

시점 할인에 대한 연구는 우리에게 중요한 통찰을 제공한다. 청소년을 비롯한 요즘 세대는 미래의 보상을 현재보다 훨씬 더 낮게 평가하는 경향이 있으며, 이로 인해 기존 교육이나 조직 내 동기부여 전략, 즉 '지금 고생하면 언젠가 보상이 따른다'는 식의 장기적 자기 이익 호소는 그들에게 설득력이 없다. 이 현상은 단순히 인내심의 부족이나 기성세대에 대한 불신 때문만은 아니다.

현대 사회에서 삶의 밀도는 점점 높아지고 있다. 학업, 일, 관계, 여가 등 삶의 모든 영역이 빠른 속도로 흘러가며 더 많은 선택과 끊임없는 비교를 요구한다. 하루하루가 압축된 감각 속에 놓인 요즘 세대에게는 지연된 만족이 점점 더 낯설고 부담스럽게 느껴질 수밖에 없다. 이 속도감은 뇌가 즉각적인 보상에 더욱 민감하게 반응하도록 만들고 장기적 보상은 그만큼 설득력을 잃는다.

오늘날의 젊은 세대는 '미래'라는 개념 자체를 이전 세대만큼 신뢰하지 않는다. 급변하는 사회, 예측 불가능한 경제 상황, 그리고 부의 양극화는 그들에게 "지금 고생하면 미래에 보상이 따른다"는 논리를 실감나지 않는 허상처럼 느끼게 만든다. 예컨대, 부모 세대가 따랐던 삶의 루트, 즉 좋은 대학, 안정된 직장, 내 집 마련이 더 이상 보장되지 않는 시대에 이들은 오히려 지금 이 순간의 '작은 확실한 행복'을 더 신뢰할 수 있는 것으로 여긴다. '욜로YOLO', '소확행', '워라밸'에 대한 높은 관심도 이러한 심리적 기반 위에서 형성된 것이다.

또한 디지털 환경의 영향도 무시할 수 없다. 실시간 피드백과 즉각적인 보상이 가능한 SNS와 게임 문화에 익숙한 이들은 느리고 불확실한 미래의 보상보다 즉각적인 자극에 훨씬 민감하게 반응한다. 이는 단순한 주의력 저하의 문제가 아니라 세상을 받아들이는 감각적 기준이 다르다는 뜻이다. 미래를 위한 인내와 준비가 무조건 가치 있다고 믿던 시대는 지나갔다.

이처럼 시점 할인 이론은 단순한 심리학 개념을 넘어 오늘날 젊은 세대가 왜 '미래를 위한 투자'라는 말에 냉소적인 태도를 보이는지를 설명해준다. 그들에게 미래는 희미한 가능성일 뿐, 현재의 감각만이 확실한 현실이기 때문이다. 따라서 **새로운 세대와 소통하려면 과거처럼 추상적이고 먼 미래의 이익을 강조하기보다는 '지금 이 순간'과 연결된 동기부여 전략이 필요하다.** 현재의 활동이 곧바로 감각적으로 연결되고 스스로의 의미와 연관되어야만 그들의 마음을 움직일 수 있다.

요즘 세대를 위한 보상법

그렇다면 요즘 세대에게는 어떻게 보상해야 할까? 핵심은 '즉각성'과 '과정 중심'이다. 요즘 세대에게 효과적인 보상이란 보상의 크기도 중요하지만 더 중요한 것은 보상이 얼마나 빠르게 제공되는가, 그리고 그 보상이 과정 속에서의 노력과 성장을 얼마나 인지하고 반영하는가가 훨씬 중요하다. 눈앞에서 체감할 수 없는 '언젠가의 보상'보다는 지금 이 순간의 의미 있는 자극이 그들의 동기를 자극한다.

스마트폰 알림, SNS의 좋아요, 유튜브의 추천 알고리즘처럼 즉각적인 반응을 제공하는 시스템에 익숙한 요즘 세대는 무엇인가를 했을 때 즉시 반응이 오는 시스템을 자연스럽게 보상으로 인식한다. 이는 뇌의 도파민 시스템을 자극하며 동기를 유발한다.

심리학자 B.F. 스키너는 쥐에게 레버를 누르면 바로 먹이를 주는 실험을 통해 즉시적 보상이 행동을 강화하는 데 가장 효과적임을 증명했다. 이 원리는 디지털 네이티브 세대에게 더욱 강하게 작용한다. 기다림에 대한 인내심이 낮다기보다는 정보와 보상의 속도에 대한 기준 자체가 다르기 때문이다.

한국의 한 에듀테크 스타트업은 학생들이 문제를 풀면 실시간으로 '정답 여부+간단한 설명+칭찬 메시지'가 즉시 제공되도록 설계했다. 실험군과 대조군을 나눠 비교한 결과, 실시간 피드백이 제공된 그룹은 학습 지속 시간은 22퍼센트 증가, 과제 수행률은 34퍼센트 증가한 것으로 나타났다. 단순히 보상의 크기가 아니라, 보상의 즉

시성이 몰입과 동기의 핵심 요소임을 보여주는 결과다.

미국의 한 스타트업은 사내 협업 플랫폼에 '감사의 스티커' 기능을 도입했다. 직원들은 서로에게 즉시 작은 감사 메시지를 보낼 수 있고 이 메시지는 팀 리더에게 공유되어 평가에도 반영된다. 3개월 도입 후, 조직 내에서 상호 피드백 횟수가 평균 5.6배 증가했고, 직원 만족도 조사에서 "동료의 인정을 받을 수 있는 기회가 많다"는 응답이 41퍼센트에서 78퍼센트로 증가했다. 이러한 마이크로 보상은 반드시 금전적일 필요는 없다. 실시간 피드백, 디지털 뱃지, 메시지, 칭찬 등의 외재적인 보상만으로도 충분히 동기를 강화할 수 있다.

손실회피 성향을 자극하라

즉각적인 보상의 효과를 극대화하기 위한 또 다른 방법은 손실회피 성향을 자극하는 것이다. 인간은 손실을 피하려는 본능적인 경향이 강하다. 이 현상은 동메달이 은메달보다 더 행복한 이유와 같은 맥락이다. 은메달을 딴 선수는 금메달을 못 딴 아쉬움으로 인해 상대적으로 덜 행복하지만 동메달을 딴 선수는 4위라는 손해를 피한 기쁨으로 인해 상대적으로 더 큰 행복감을 느낀다.

손실회피 성향이 강하게 작용하는 이유는 인간의 뇌가 손실에 더 민감하게 반응하기 때문이다. 뇌는 진화적으로 생존에 위협이 되는 요소를 더 빠르게 감지하고 반응하도록 설계되어 있다. 대표적으로 손실이나 위협적인 상황에 직면했을 때 편도체가 즉각적으로 활성화된다. 이 영역은 공포와 불안을 감지하며, 도전적인 자극보다 회피 반응을 우선시하도록 작동한다. 반면, 이익을 예상할 때는 중뇌의 보상 회로가 활성화되지만 손실을 피할 때보다 감정 반응의 강도는 약한 편이다. 행동경제학자 대니얼 카너먼과 아모스 트버스키가 제시한 '전망 이론Prospect Theory'에서도 동일한 크기의 이익과 손실이 주는 심리적 효과는 비대칭적이며, 손실은 이익보다 약 2배 이상 큰 부정적 감정을 유발한다는 사실이 밝혀졌다. 다시 말해, 사람들은 무언가를 얻을 수 있다는 기대보다, 무언가를 잃을 수도 있다는 두려움에 더 강력하게 반응하고 행동한다. 이러한 사실은 기업과 조직에서 동기부여 전략 및 보상 시스템을 설계할 때 매우 중요한 역할을 한다.

이러한 개념은 실제 기업에서도 검증되었다. A집단과 B집단을 대상으로 한 실험에서 A집단은 생산량이 목표를 초과하면 상여금을 지급받는 구조였고, B집단은 상여금을 먼저 주고, 생산량이 목표를 밑돌면 회수하는 구조였다. 그 결과, A집단의 생산성은 4~9퍼센트 증가한 반면, B집단은 16~25퍼센트 증가한 것으로 나타났다. B집단에서 더 큰 생산성이 나온 이유는 바로 상여금을 잃을 수 있다는 두려움 때문이었다. 이 실험에서 A집단은 상여금을 '획득하는' 방식이고, B집단은 상여금을 '잃을 수 있는' 방식이다. 사람들은 획득의 기회보다는 손실을 피하는 데 더 큰 관심과 동기를 느낀다는 사실이 실험을 통해 증명된 것이다.

이와 같은 **손실회피 성향을 요즘 세대들을 위한 보상 시스템에 적용하면 성과를 높이는 데 효과적일 수 있다.** 예를 들어, 성과 목표를 설정하고 상여금을 먼저 지급한 뒤 목표를 달성하지 못할 경우 그 상여금을 회수하는 방식은 직원들에게 더 강력한 동기를 부여한다. 사람들은 손실을 피하기 위해 더 열심히 노력하고 그 결과 조직의 전반적인 생산성이나 성과가 향상되는 것이다. **손실 프레임 전략은 단순히 보상의 크기를 키우는 것보다, '보상을 잃을지도 모른다'는 생각을 자극하는 것이 더 강력한 동기부여가 될 수 있음을 시사한다.**

완성된 성과보다 중요한 것은?

전통적으로 우리는 결과 중심의 성과 문화를 익숙하게 받아들여 왔다. 학교에서는 시험 점수로, 회사에서는 성과지표KPI로 능력을 평가한다. 하지만 이러한 평가 방식은 도전보다는 회피를 유도하고 실패에 대한 두려움을 키운다. 요즘 세대는 이런 환경에서 압박감을 넘어서며 오히려 과정의 가치를 인정받고 자극을 받는다. 그들은 자신이 어떤 방식으로 일했는지, 무엇을 고민했고 어떤 노력을 기울였는지를 설명하고 싶어하며, 그 과정 속에서 보람을 느끼길 원한다.

서울의 한 청년 코딩 아카데미는 기존의 결과물 중심 평가에서 벗어나 '문제해결 시도 횟수', '질문 참여도', '팀 내 피드백 제공 정도' 등을 정량적으로 기록해 과정 평가에 반영하고 있다. 그 결과, 중도 포기율이 19퍼센트에서 6퍼센트로 줄었고 학습 과정 중 자기 설명 활동(스스로 이해한 것을 말로 표현하는 것)의 빈도가 평균 3배 이상 늘어났다. 이들은 "비록 결과는 완벽하지 않아도, 내가 노력한 방식이 인정받는다는 사실에 더 몰입하게 된다"고 말했다.

미국의 소프트웨어 기업 애틀라시안Atlassian은 직원의 창의성과 자율성을 극대화하기 위해 매 분기마다 'ShipIt Days'라는 사내 해커톤 프로그램을 운영한다. 이 프로그램은 기존의 업무와 무관한 주제라도 상관없이 직원들이 자유롭게 팀을 구성해 48시간 동안 스스로 기획한 프로젝트를 완성해보는 시간이다. 기술 개발뿐 아니라 조직문화 개선, 신규 서비스 아이디어, 사내 프로세스 혁신 등 무엇이든 시도할 수 있는 자유가 보장된다.

중요한 점은 ShipIt Days의 평가 기준이 '완성된 성과'가 아니라 '과정에 담긴 학습과 시도 자체의 가치'에 있다는 것이다. 프로젝트가 실패하거나 예상한 결과를 얻지 못해도 새로운 문제 해결 방식을 탐색하거나 팀원 간의 협업을 통해 기존 시각을 전환한 경우, 그 시도 자체가 공식적으로 인정받고 보상받는다. 실제로 ShipIt Days에서 실패했던 실험이 계기가 되어 훗날 애틀라시안의 핵심 기능으로 발전한 사례도 여럿 있다. 예를 들어, 한 팀은 단순한 개인 아이디어 공유 게시판을 개발했으나 이를 통해 직원들 사이에 자발적 지식 공유 문화가 형성되었고, 후에 'Confluence'의 기능 중 하나로 통합되었다. ShipIt Days는 그 자체가 하나의 과정을 위한 보상 시스템으로 작동한다. 직원들은 자신의 아이디어를 자유롭게 펼칠 수 있다는 점에서 심리적 안전감을 느끼고 상사나 조직의 기대를 충족시키기 위한 '정답 맞히기'보다 스스로 의미 있는 목표를 설정하고 몰입하는 경험을 하게 된다. 이 프로그램이 도입된 이후, 애틀라시안 내부에서는 직원의 아이디어 제출률이 3배 이상 증가했으며, 프로젝트 제안의 47퍼센트가 실제 제품 개선이나 사내 시스템 개선으로 이어졌다.

과정을 인정하는 것은 단순한 배려가 아니다. 이는 불확실성 속에서 도전을 지속하게 만드는 안전망이며 실패를 다음 시도로 이어지게 하는 동력이다. 동시에 이러한 과정 중심의 인정은 시점 할인을 완화하는 효과를 가진다. 요즘 세대는 먼 미래의 보상보다 현재의 의미 있는 자극에 더 강하게 반응한다. 결과가 나중에 돌아올지라도 그 사이의 과정이 즉시 인정받는다면 미래 보상에 대한 기대를 유지할 수 있다. 즉 지금 노력하는 이 순간에도 가치를 느끼게 해줌으로써 보상의 시점이 멀더라도 동기를 지속시키는 힘을 얻게 되는 것이다.

즉각적이고 과정을 고려하는 보상 외에도 요즘 세대는 보상의 기준과 이유에 대해 명확한 설명을 요구하는 경우가 많다. 이는 단순한 호기심이 아니라 회사와의 협상에서 유리한 고지를 선점하려는 전략적 태도이자, 이 조직에 계속 남아 있어야 할 정당한 명분을 스스로 납득하고자 하는 간절한 요청이기도 하다. 보상의 기준이 모호하거나 불투명하게 적용될 경우, 그들은 보상 자체보다 '왜 나는 이 보상을 받았는가' 혹은 '왜 나는 보상받지 못했는가'에 집중하며 조직의 정당성과 리더십에 대한 신뢰를 잃게 된다. 따라서 규칙의 명확화와 공표는 더 이상 선택이 아닌 필수이며, 이것이야말로 거부할 수 없는 시대적 요구다. 무엇보다 이들은 자신이 조직 내에서 어디쯤에 있는지를 확인하고 싶어 한다. 정확한 위치 정보는 단지 성과의 판단이 아니라 성장의 좌표를 제공하는 역할을 한다.

리더 포비아 극복을 위한 새로운 리더십

어느 날 오후, 오랜만에 연락이 닿은 친구에게서 전화가 걸려왔다. 그는 반도체 패키징 분야의 중견기업을 운영하며 늘 침착하고 냉정한 판단을 자랑하던 사람이었지만, 이날은 평소와 다르게 목소리에 묘한 긴장감이 묻어났다.

"요즘 회사가 좀 시끄러워."

말을 꺼낸 친구는 한숨을 내쉬며 한 직원에 대한 이야기를 털어놓았다. 그 직원, 여기서는 A라고 부르자. A는 실력 하나만큼은 인정받는 인재였다. 누구보다 일의 흐름을 빠르게 파악하고, 책임감 있게 업무를 수행하는 사람이었다. 하지만 문제는 그의 태도였다. 동료를 존중하기보다는 자신이 우위에 있다는 걸 드러내려는 말투, 무례한 표현, 때론 상대방을 깎아내리는 듯한 행동이 반복되면서 사내 분위기가 점점 무거워지고 있다는 것이다.

"지금 팀 분위기가 엉망이야. 사람들 표정이 다 굳었어. 몇몇은 이직 고민 중이고, 심지어 법적 대응을 고려하겠다는 말까지 나오더라."

그의 말이 이어질수록 상황은 생각보다 훨씬 심각했다. 그런데 뜻밖의 말이 뒤따랐다.

"그런데 말이지, A를 이번 프로젝트 팀장으로 앉힐까 해."

나는 잠시 말문이 막혔다. 실력은 충분하다고 해도 그 리더십 아래서 팀이 제대로 굴러갈 수 있을까?

친구는 이어 말했다. "이번 프로젝트는 우리 회사에 정말 중요한 일이라… A 정도의 추진력이 필요하거든. 그런데 사람들은 다 불안해하지."

그러면서 친구는 나에게 A의 멘토가 되어 달라고 부탁했다. 친구의 간곡한 부탁에 뿌리칠 수 없었다. 나는 어쩌면 A가 프로젝트 팀장이 되어 동반 향상 팀을 꾸릴 수 있도록 격려할 수 있을 것 같다는 생각을 했다.

리더의 눈이 열리는 순간

며칠 뒤, 나는 A와 저녁식사를 함께 하기로 했다. 약속 장소에 먼저 도착해 기다리던 나는, 그가 문을 열고 들어서는 순간 단번에 알 수 있었다. 이 사람은 강단 있는 사람이다. 눈빛에는 확신이 있었고, 움직임 하나하나가 자신감에 차 있었다.

그는 예의 바른 인사로 자리에 앉았지만, 대화는 예상대로 간단치 않았다. 나는 최대한 자연스럽게 그의 업무 스타일과 리더십에 대해 물었다. 그는 자신이 책임감 있게 일을 해내야 팀이 성공한다고 믿었고, 그래서 때때로 단호한 방식으로 팀원들을 이끌 수밖에 없다고 말했다.

"사람들이 날 힘들어하는 건 알지만, 결국 결과를 보면 따라오게 돼요."

그의 말투는 솔직했고 자기 확신으로 가득 차 있었다. 그러나 나는 그 말에서 중요한 단서를 포착했다. A는 '따라오게 된다'고 말했지만 '함께 간다'는 표현은 쓰지 않았다.

나는 조심스럽게 물었다.

"혹시, 팀원들과 함께 성장하거나, 서로에게서 배우는 과정이 있다고 생각해본 적 있으세요?"

내 질문에 A는 잠시 말을 잊은 듯했다. 숟가락을 내려놓고 나를 바라보는 눈빛이 달라졌다. 그 눈빛엔 놀라움과 동시에 어렴풋한 저항이 섞여 있었다.

"그런 생각을 해본 적은… 솔직히 별로 없네요. 저는 늘 제가 앞장서서 끌고 가야 한다고 믿었어요."

그의 말에 나는 고개를 끄덕였다. A의 마인드는 틀린 것이 아니었다. 오히려 강력한 추진력의 원천이었다. 하지만 나는 알았다. 그 마인드를 유지하면서도 팀과 함께 가기 위해서는 지금의 틀을 넘어서는 새로운 리더십이 필요하다는 것을.

A는 대화 중간에 모두가 하나되는 조직문화에 대해 언급했다. 좋은 성과는 그런 문화에서 나온다고 그는 말했다. 문제는 그가 팀원

들의 열정을 제대로 된 열정으로 인정하지 않는 데 있었다. A는 자기 확신이 강한 사람이었다. 스스로 동기를 만들고 누구보다 열정적으로 일했고, 그래서 더디거나 형식적으로 업무를 하는 사람들에게는 눈에 띄게 실망감을 드러냈다. 어떤 경우에는 회의 중에 대놓고 무시하거나 직설적인 불만을 쏟아내기도 했다고 들었다. 그의 기준에 미치지 못하면 낙오자 취급을 받는 셈이었다. 하지만 그날 식탁에 앉아 있는 그는 분명 이유를 알고 이 자리에 나왔다는 걸 나는 확신했다. 그는 단순히 '팀장을 맡는 것'이 아니라 '팀을 이끄는 법'을 배우고자 하는 문 앞에 서 있었다.

나는 잔잔한 어조로 그를 향해 말했다.

"제가 드리고 싶은 말씀은 이것입니다. 지금 동료들이 많이 지쳐 있어요. 때로는 조용히 물러서고 싶을 정도로요. 하지만 당신이 진심으로 회사를, 그리고 이번 프로젝트를 생각한다면… 어떤 방식으로든 팀을 살리는 데 힘을 쏟으실 준비가 되어 있습니까?"

A는 잠시 숨을 고른 뒤, 주저 없이 고개를 끄덕였다.

"노력해 보겠습니다."

그의 말은 단호하지 않았지만, 오히려 그 안에서 진심이 느껴졌다. 확신보다는 다짐에 가까운 대답이었다. 나는 그 눈빛에서 처음으로 '함께'라는 단어의 가능성을 보았다.

새로운 리더십으로의 첫걸음

"좋아요," 나는 부드럽게 말을 이었다. "그럼 첫걸음부터 시작해봅시다. 지금 A님이 해야 할 일은 더 이상 해를 끼치지 않는 겁니다."

그는 의아한 표정으로 나를 바라봤다.

"팀을 위한다면 당신이 먼저 변해야 합니다. 비난을 멈추고, 감정을 조율하고, 자신만이 옳다는 생각에서 조금 물러서야 해요. 사람들은 당신의 말이 아니라 당신의 태도를 보며 따라올 거예요."

나는 한 박자 쉬고, 다시 강조했다.

"왜냐하면, 당신이 리더니까요."

A는 조용히 고개를 끄덕였다. 깊게 숨을 들이쉬는 그의 모습에서 그동안 스스로에게 씌워온 '완벽한 추진자'의 무게를 조금 내려놓는 기운이 감지됐다. 그러나 동시에 그의 표정에는 어딘가 모르게 부담스러운 기색도 엿보였다. 변화는 결심만으로 되지 않는다. 나는 그 점을 잘 알고 있었다. 그래서 말했다.

"제가 옆에서 도와드릴 수 있는 부분은 최대한 돕겠습니다. 하지만 제가 늘 회사에 있을 수는 없어요. 결국 변화는 당신 곁의 사람들과 함께 이뤄내야 합니다."

나는 A에게 부탁했다. 스스로 신뢰할 수 있는 동료 몇 명을 직접 선정하라고. 그리고 그들과 함께 '작은 팀'을 만들어 서로의 행동을 지켜보고 서로를 격려하며, 무엇보다 A 스스로가 과거의 행동을 반복하지 않도록 도와달라고.

"이건 단지 팀 운영이 아니라 조직의 문화를 바꾸는 일입니다. 사람들 사이에 서로를 지지하는 문화, 함께 성장하는 흐름을 만들어가는 거예요."

A는 조용히 메모를 하기 시작했다. 그의 태도에는 이전과는 다른 집중력이 느껴졌다.

나는 말을 이었다.

"리더는 권위로 정해지는 게 아닙니다. 처음 리더가 되었을 때 누구나 반드시 던져야 할 질문이 하나 있어요. '내 팀원은 어디까지일까?'라는 질문입니다."

"그 질문에 답을 찾았다면 이제 해야 할 일은 명확해요. 팀원을 모으고 그들을 지원하고 함께 창조해 나가는 겁니다. 처음에는 한 사람, 그리고 점점 집단 단위로 확장되겠죠. 그리고 이 과정에서 중요한 건 하나입니다. 앞으로 나아가면서 당신 스스로가 다른 사람에게도 이 동반 향상의 태도를 전파해야 한다는 거예요. 권위와 상관없이 진짜 리더로서요."

이렇게 만들어진 팀은 동반 향상과 동반 개발이라는 공통의 언어를 사용하는 하나의 부족이 된다. 조직 내에서 작은 부족이 생기고 그 부족이 보여주는 관계와 문화가 곧 조직 전체의 변화를 이끌어내는 씨앗이 된다. 권위와 상관없이 리더가 된다는 것은 결국, 이렇게 작고 진실된 움직임을 통해 조직문화를 바꾸는 일을 의미한다. 이것이 내가 A와 함께 신규 프로젝트에 불을 붙이고 싶었던 진짜 이유였다.

신뢰하는 동료를 영입하다

우리는 그 첫걸음을 A가 신뢰하는 몇몇 동료를 영입하는 것으로 시작하기로 했다.

"가장 먼저 당신이 가장 신뢰하는 사람 한 명을 골라보세요."

나는 A에게 말했다.

"가능하면 다른 직원들과도 원활하게 소통할 수 있는 사람이면 더 좋겠어요."

그런 사람이라면 반드시 A와 심리적으로 안전한 관계를 맺고 있어야 할 것이다. 그리고 무엇보다, A가 잘못된 방향으로 흐를 때 솔직하고 용기 있게 피드백을 줄 수 있어야 한다. 그건 쉬운 일이 아니다. 하지만 이 팀에겐 꼭 필요한 역할이었다.

A는 잠시 고민한 뒤, 한 사람의 이름을 꺼냈다.

"K요. 제가 가장 믿는 동료입니다."

일주일 뒤, 우리는 회사 인근의 한 조용한 카페에서 다시 만났다. A와 K, 그리고 나. 세 사람의 대화가 시작되었다.

나는 조심스럽게 말을 꺼냈다.

"두 분은 이제부터 단순한 프로젝트 멤버가 아닙니다. 이번 임무는 '동반 향상자'로서 서로를 돕고 더 나아가 팀 전체를 돕는 것입니다. 처음엔 둘이 서로를 지지하는 것부터 시작해요. 서로의 태도, 말투, 표정, 판단이 조직에 어떤 영향을 주는지 주기적으로 점검하는 겁니다. 그리고 그 다음엔 다른 팀원들에게도 이런 문화를 확산시켜야 해요.”

K는 고개를 끄덕이며 조심스레 말했다.

“쉽진 않겠지만… 해볼게요.”

그 말을 듣는 순간, 나는 속으로 깊이 안도했다. 이 계획이 제대로만 작동한다면 이 둘은 단지 한 프로젝트의 성공에 그치지 않고, 개인적으로도 직업적으로도 큰 변화를 이끌 수 있을 거라 믿었다.

A와 K는 프로젝트의 다음 단계를 상의하기 시작했다.

우선, 이번 프로젝트에 절대로 동참하지 않을 것 같은 사람들을 떠올렸다. 그들 중 몇몇은 심지어 계획을 방해하려 들 수도 있을 거란 이야기도 나왔다.

“당연히 반발도 있을 겁니다.”

나는 담담하게 말했다.

“하지만 저는 동참하지 않으려는 사람들에 대해서는 걱정하지 않습니다. 중요한 건, 지금 우리가 가능성을 품은 사람들과 작은 핵심 집단을 먼저 만드는 겁니다.”

그들은 잠시 말을 멈췄고, 나는 다시 물었다.

“지금 이 자리에서 다음 동반 향상 파트너로 적합한 사람을 한 명만 골라보세요. 편협하지 않고, 인내심이 강하며, 프로젝트의 성공을 위해 기꺼이 나설 수 있는 사람.”

잠깐의 정적 후, K가 대답했다.

“J요. 그 친구는 언제나 균형을 잘 잡아요.”

행동의 원칙을 세우다

며칠 후, 우리 셋은 다시 만났다. 이번엔 J도 함께했다. 조용한 카페 구석자리에서 A는 마치 다짐이라도 하듯 입을 열었다.

"기본적인 원칙을 정하고 싶습니다. 우리가 어떻게 일할 것인지에 대해서요."

나는 고개를 끄덕이며 그 제안을 반겼다.

"좋습니다. 세 분이 함께 직접 행동 수칙을 적어보세요. 이건 단지 세 사람의 약속이 아닙니다. 나중에 더 많은 사람들이 이 원칙을 따르게 될 테니까요. 단, 원칙을 설정할 때 가장 중요한 기준 중 하나는 일관성입니다. 원칙은 특정 순간에만 적용되는 것이 아니라 시간이 지나도 지속적으로 따라야 하는 규칙이어야 합니다."

그들이 함께 만든 원칙은 다음과 같다.

- 우리는 서로를 용서하고 험담하지 않는다.
- 아이디어와 의견은 반드시 존중하고 귀담아듣는다.
- 가능한 많은 사람들이 계획에 동참할 수 있도록 노력하며, 피드백을 주고받는 것을 두려워하지 않는다.
- 프로페셔널로서 서로의 성장을 적극적으로 돕는다.
- 서로를 섣불리 판단하지 않으며, 이야기를 끝까지 경청한다. 대화를 나누기 전, 상대의 삶을 더 깊이 이해하려 노력한다.
- 열린 마음으로, 진심 어린 피드백을 꾸준히 주고받는다.

몇 주 후, 세 사람은 차례로 팀원들을 설득했고 마침내 세 명을 더 프로젝트에 영입하는 데 성공했다. 새롭게 합류한 이 팀원들 또한 단순한 업무 수행자가 아닌 긍정적인 조직문화를 만드는 동반자로서의 임무를 받아들였다. 그들은 프로젝트 자체의 목표뿐 아니라 함께 일하는 방식에 있어서도 책임감을 공유하기 시작했다.

그리고 3개월 뒤, 새로운 프로젝트를 위해 모두가 한자리에 모였을 때 그 공간을 감도는 분위기는 이전과는 사뭇 달랐다. 과거를 떠올리게 하는 내분이나 험담은 더 이상 들리지 않았다. 무겁고 얼어붙었던 공기가 사라진 자리엔 서로를 향한 존중과 진심 어린 응원이 자리를 잡고 있었다. 그리고 그 중심에는 A가 있었다. 그는 눈에 띄게 달라져 있었다. 말투는 부드러워졌고 피드백은 상호 토론의 과정이 되었으며, 무엇보다 '자신만이 끌고 가야 한다'는 고집스러운 리더의 자세를 내려놓고 있었다. A가 변하자 사람들의 시선도 달라졌다. 예전엔 조심스레 그의 눈치를 살피던 동료들이 이제는 먼저 다가와 대화를 걸었다. 그에 대한 평가는 '무례한 천재'에서 '함께 일하고 싶은 리더'로 바뀌어 있었다. A의 명성은 빠르게 회복되었고 더나아가 진심이 담긴 존중으로 이어졌다. 하지만 이 변화는 A 혼자해낸 일이 아니었다. 그는 처음으로 '함께 성장하는 팀', 즉 동반 향상자로 구성된 집단을 꾸렸다. 그리고 그 팀원들 모두가 스스로 권위와 상관없이 리더가 되어야 했다.

처음부터 완벽한 리더는 없다

이러한 변화를 체계적으로 실현해 낸 기업도 있다. 방위, 정보, 인프라 엔지니어링을 아우르는 미국의 기술 중심 다국적 기업 퍼슨스 코퍼레이션Parsons Corporation의 CEO 척 해링턴Chuck Harrington은 이렇게 회고했다. "75년의 전통을 자랑하는 우리가 디지털 솔루션 기업으로 변모할 수 있었던 건 단순한 구조 개편 때문이 아니었습니다. 동반 향상은 우리가 리더십을 재정의하는 데 결정적인 역할을 했어요. 팀원들이 서로의 성과와 성장에 대해 책임을 지게 되면서 우리 조직의 문화와 비전이 하나로 맞물리게 되었죠." 참고로 척 해링턴은 2008년부터 2021년까지 총 13년간 최고경영자로 재직하였으며, 그의 재임기간 동안 퍼슨스 코퍼레이션은 기술 중심 기업으로의 전환과 2019년 뉴욕 증권거래소 상장 등 중요한 변화를 이루었다.

지금까지의 이야기를 종합해 보면, 동반 향상은 단순히 개인의 리더십 스타일을 바꾸는 것을 넘어 조직 전반의 변화를 이끌어내는 강력한 해결책임을 알 수 있다. 처음에는 A의 오만하고 고집스런 태도가 동료들에게 상처와 불신을 안겨주었지만 동반 향상자로 구성된 작은 핵심 집단을 통해 A는 자신만이 앞서 나가지 않아도 되는 함께 성장할 수 있는 리더십의 길을 배우게 되었다.

그들은 먼저 신뢰할 수 있는 동료들을 선별하여 서로의 행동을 점검하고, 열린 마음으로 피드백을 주고받는 새로운 규칙들을 세웠다. 이는 단순한 업무지시가 아니라 서로의 실적과 발전에 공동의 책임감을 부여하는 조직문화의 초석이 되었다. 시간이 흐르며 팀 내부의 소통과 협력은 점차 결실을 맺었고 기존의 내분과 부정적인 감정은 사라지기 시작했다.

이러한 변화는 단지 개인적인 성공에 그치는 것이 아니라 조직 전체의 문화와 비전을 재정의하는 계기가 되었다. 퍼슨스 코퍼레이션의 척 해링턴 CEO가 언급한 바와 같이, 동반 향상은 권위에 의존하지 않고 리더십을 재구축하는 방안으로 팀원들이 서로의 성장을 책임지며 진정한 소통과 협력을 이루게 하는 것이다.

리더 포비아에 대한 해답, 동반 향상

결국, 동반 향상은 리더 포비아, 즉 전통적인 위계적 리더십에 대한 두려움과 불신에 대한 해답으로 작용한다. 리더는 오직 혼자 앞장서는 존재가 아니라 동료와 함께 걸어가며 서로를 일으켜 세우는 존재임을 보여준다. 그 결과, 조직은 보다 건강하고 상호 신뢰와 존중이 깃든 문화를 형성하게 되며 모든 구성원들이 스스로가 리더로서의 역할을 찾아 나설 수 있는 길이 열리게 된다.

이와 비슷한 방식으로 현대의 크리에이터들도 각자의 방식으로 동반 향상을 실현하고 있다. 필자는 유튜브, 인스타그램, 블로그까지 다양한 SNS를 운영하면서 월 2,000만원의 수익을 올리는 31세 크리에이터 K대표를 만나서 인터뷰를 한 적이 있다. 그는 자신의 채널을 통해 얻어지는 광고수익 뿐만 아니라 자신이 가진 지식을 온라인 플랫폼에 판매하는 것으로 수익을 창출한다. 이렇게 만든 수익 파이프라인만 10개가 넘는다. 나는 그에게 어떻게 사업을 지속하게 되었는지 물었을 때 이렇게 말했다.

"저도 처음에 유튜브에 영상 다섯 개를 올렸을 때 반응이 없어서 유튜브를 한 달 쉬었어요. 그 시간 동안 영어권을 타깃으로 하는 영어 채널에 집중했죠. 그런데 어느 날 보니까 첫 채널의 구독자가 100명이 된 거에요. 저는 구독자 100명이 너무 감사하더라구요. 그래서 감사 영상을 올렸어요. 100명이 되었는데 제가 그동안 영상을 못 올려서 죄송하다. 다시 한번 시작해보겠다고 어슬프지만 핸드폰으로 찍은 영상을 올렸어요. 그렇게 100명한테 감사해서 그들을 만족시키려다 보니 천 명이 보게 되고, 천 명을 만족시키려고 하면 만명이 만족하게 되거든요. 그런데 대부분의 사람들은 기본적으로 시작할 때부터 한 만 명 정도 구독자를 가지고 있다고 기대하죠. 내가 뭔가 딱 올렸을 때 반응이 오길 원해요. 하지만 현실은 그렇지 않아요. 열심히 해도 현타가 와요. 자괴감이 들기도 하죠. 그런데 100명을 실제로 여기에 데려와 봐요. 적은 수가 아니죠. 그러니까 처음에 기대감을 낮추고 시작하는 게 중요한 것 같아요."

이러한 성장은 물리학에서 말하는 '퀀텀 점프Quantum Jump'라는 개념과 같다. 퀀텀 점프란 어떤 계系가 작은 에너지를 지속적으로 축적하다가 일정 임계점에 도달했을 때 갑작스럽고 비약적인 상태 변화를 일으키는 현상이다.

K대표의 이야기처럼 초기에 아무 반응이 없어도 축적의 시간은 반드시 존재한다. 눈에 보이지 않는 반복이 쌓이고 꾸준한 시도가 계속되며, 그 안에 담긴 작은 에너지가 서서히 응축된다. 그리고 어느 순간, 그것은 전혀 다른 궤도로의 도약을 만들어낸다. 하지만 대부분의 사람들은 시작 단계부터 큰 반응을 기대하고 빠른 성과를 원한다. 현실은 다르다. **동반 향상도, 리더십 발현도, 개인의 성장도 모두 퀀텀 점프를 기다리는 축적의 시간 속에서 태어난다.** 결국 중요한 것은 기대감을 낮추는 겸손함, 한 사람 한 사람을 진심으로 대하는 일관성, 그리고 오늘의 작은 노력이 내일의 도약을 만든다는 믿음이다.

참고문헌

1. U.S. National Surrey on Drug Use and Health, re-graphed from Goodwin et al.,(2020).

2. 전국 20대 취업·주거실태 및 사회 인식 조사 보고서 발표, 대학내일20 대연구소, 2016.01.18.

3. Jonathan Haidt(2024), The Anxious Generation, Penguin Press.

4. 성인 30퍼센트 "대한민국 성공요소 1순위는 부모님의 재력", 파이낸셜뉴 스, 2021.01.23.

5. Skenazy, L(2015), 11-year-old boy played in his yard. CPS took him, felony charge for parents, Reason.

6. WFSB Staff(2014), Bristol mother charged with leaving child unattended in car. Eyewitness News 3.

7. Segrin, C., Woszidlo, A., Givertz, M., Bauer, A., & Murphy, M. T. (2012). "The association between overparenting and young adults' self-efficacy, autonomy, and college adjustment." Journal of Child and Family Studies, 21(4), 548–556.

8. Jaerim Lee, Sieun Kang(2018), Perceived Helicopter Parenting and Korean Emerging Adults' Psychological Adjustment: The Mediational Role of

Parent-Child Affection and Pressure from Parental Career Expectations.

9. [요즘 세대] "승진 안 할래요‥" 의도적 언보싱하는 Z세대, 트민사뉴스, 2024.11.02.

10. Cognizant & Microsoft, What it means to belong at work, 전 세계 직장인 10,822명 대상 설문조사(2020)

11. Axios, Younger employees fear being left behind by remote work, 미국 Z세대 544명 대상 설문 조사(2021)

12. Katz, Roberta, Ogilvie, Sarah, Shaw, Jane(2021), Gen Z, Explained, University of Chicago Press.

13. 金間大介先生(2022), どうか皆の前でほめないで下さい, 東洋經濟新報社.

14. 직업 선택 고려사항 1위 '워라밸'‥50대 이상만 '안정성', 뉴시스, 2023.09.18.

15. Z세대 40.4퍼센트, 현재 직업을 선택한 이유 "쉽게 취업할 수 있어서", 캐릿, 2022.12.29.

16. Three-quarters of Gen Z is looking to switch jobs for this reason, New York Post, 2025.04.28.

17. Jan Bruce(2019), The Overlooked Consequences of Today's

18. Julia Moeller et al., 'Highly engaged but burned out: intra-individual profiles in the US workforce', Career Development International, 23(1), 2018, pp.86-105.

19. Matt Plummer, 'How are you protecting your high performance from bourn?', Harvard Business Review, 2018.06.21.

20. 직장인 1,000명 심층조사 "번아웃 됐다, 원인은 업무량이 아니고…", Weekly Biz, 2023.02.23.

21. 송일선(2022), 조직커뮤니케이션이 조직효과성에 미치는 영향, 서울대학교 행정대학원.

22. Elizabeth Faber, Gen Zs And Millennials Seek Purpose And Progress In A Changing World: Insights From Deloitte's 2024 Gen Z And Millennial Survey, May 15, 2024, Frobes.

23. Laurel Leicht(2015), The Most Stressed-Out People in Your Office Might Surprise You, glamour.

24. Anna Freud, The Ego and the Mechanisms of Defence, The International Psycho-Analytical Library, no. 30(London: Hogarth Press, 1937)

25. Adam M. Mastroianni and Daniel T. Gilbert, "The Illusion of Moral Decline," Nature 618, no.7966: 782-89.

26. 고령인구 비율 전망, 하나은행 하나금융연구소, 위클리서울, 2024.11.14.

27. Give Gen Zs regular performance reviews or risk resignations, survey reveals, 2025.4.14., Staffcircle.

28. 2024 Global Human Capital Trends, Deloitte Insights.

29. David Yeager(2024), 10 to 25: The Science of Motivating Young People: A Groundbreaking Approach to Leading the Next Generation--And Making Your Own Life Easier, Avid Reader Press / Simon & Schuster.